# LECTURA VELOZ

Cómo Incrementar La Productividad Y Parar De Procrastinar

(Aprende Cómo Aumentar Tu Productividad)

## Husai Mena

Publicado Por Daniel Heath

# © **Husai Mena**

**Todos los derechos reservados**

*Gestión Del Tiempo: Cómo Incrementar La Productividad Y Parar De Procrastinar (Aprende Cómo Aumentar Tu Productividad)*

ISBN 978-1-989808-81-8

Este documento está orientado a proporcionar información exacta y confiable con respecto al tema y asunto que trata. La publicación se vende con la idea de que el editor no esté obligado a prestar contabilidad, permitida oficialmente, u otros servicios cualificados. Si se necesita asesoramiento, legal o profesional, debería solicitar a una persona con experiencia en la profesión.

Desde una Declaración de Principios aceptada y aprobada tanto por un comité de la American Bar Association (el Colegio de Abogados de Estados Unidos) como por un comité de editores y asociaciones.

No se permite la reproducción, duplicado o transmisión de cualquier parte de este documento en cualquier medio electrónico o formato impreso. Se prohíbe de forma estricta la grabación de esta publicación así como tampoco se permite cualquier almacenamiento de este documento sin permiso escrito del editor. Todos los derechos reservados.

Se establece que la información que contiene este documento es veraz y coherente, ya que cualquier responsabilidad, en términos de falta de atención o de otro tipo, por el uso o abuso de cualquier política, proceso o dirección contenida en este documento será responsabilidad exclusiva y absoluta del lector receptor. Bajo ninguna circunstancia se hará responsable o culpable de forma legal al editor por cualquier reparación, daños o pérdida monetaria debido a la información aquí contenida, ya sea de forma directa o indirectamente.

Los respectivos autores son propietarios de todos los derechos de autor que no están en posesión del editor.

La información aquí contenida se ofrece únicamente con fines informativos y, como tal, es universal. La presentación de la información se realiza sin contrato ni ningún tipo de garantía.

Las marcas registradas utilizadas son sin ningún tipo de consentimiento y la publicación de la marca registrada es sin el permiso o respaldo del propietario de esta. Todas las marcas registradas y demás marcas incluidas en este libro son solo para fines de aclaración y son propiedad de los mismos propietarios, no están afiliadas a este documento.

# TABLA DE CONTENIDO

Parte 1 .................................................................................. 1

Introducción: ¿Por Qué Leer Este Libro? ............................ 2

Capítulo 1: ¿Qué Es La Gestión Del Tiempo? ..................... 5

CUESTIONARIO: ¿QUÉ TAN BUENO ERES PARA GESTIONAR TU TIEMPO? ................................................................................................ 6
7 RAZONES POR LAS QUE ES BUENO GESTIONAR TU TIEMPO ............ 9
*Menos Estrés* ........................................................................ 9
*Mayor Rendimiento* ............................................................ 9
*Más Energía* ...................................................................... 10
*Libertad Para Hacer Lo Que Quieras* ............................... 10
*Menos Esfuerzo* ................................................................. 10
*Menos Tiempo Desperdiciado* .......................................... 11
*Más Oportunidades* .......................................................... 11
*Soy Perfeccionista* ............................................................ 12
*Necesito Ser El Mejor Para Pertenecer* ........................... 12
*Suelo Postergar* ................................................................ 13
*No Puedo Decir "No"* ........................................................ 13
*Suelo Llenar Mi Horario* ................................................... 14
*Amo Las Listas De Tareas, Pero No Las Puedo Hacer Todos Los Días* ............................................................................... 15
*No Puedo Priorizar Bien* ................................................... 16
*Lo Tengo Todo En Mi Mente, No Necesito Escribirlo* ...... 16
*Suelo Confundir E Intercambiar Urgente E Importante* .... 17
*Aún No Tengo Metas Claras Porque No Creo Que Sea Importante* .......................................................................... 18

Capítulo 2: Herramientas Esenciales De Gestión Del Tiempo ................................................................................... 19

ESTABLECE METAS ................................................................... 19
*5 Reglas Doradas Para Establecer Metas* ........................ 21
IMPORTANTE: ES BUENO MEZCLAR LOS NEGOCIOS Y EL PLACER ...... 26
LISTAS DE TAREAS .................................................................... 27
*Cómo Preparar Una Lista De Tareas* ................................ 29

*Usa La Tecnología Para Aumentar La Eficacia De Tu Lista De Tareas* .................................................................. *32*
*¿Qué Pasa Cuando Tienes Dos O Más Tareas Con La Misma Prioridad?* ...................................................................... *34*
PLAN DE ACCIÓN ............................................................ 35

Capítulo 3: Cómo Controlar Tu Entorno Laboral ............... 38

DESHAZTE DE LA BASURA ..................................................... 38
*Despeja Tu Entorno* .......................................................... *39*
*Despejatumente*................................................................ *42*
*Ten Cuidado Con Practicar Multitareas: 3 Señales A Las Que Tienes Que Estar Atento* ..................................................... *46*
AFRONTA LAS INTERRUPCIONES ............................................. 50
*Jornada Laboral Fija* ......................................................... *50*
*Implementa Un Aislamiento Temporal* ............................ *50*
*Di Que No A Las Charlas Amistosas*................................. *51*
*Di Que No A Otro Trabajo* ................................................. *51*
MINIMIZA LAS DISTRACCIONES ............................................. 51
*Tómate Un Pequeño Descanso*.......................................... *52*
*Delega* ............................................................................... *52*
MANTENTE MOTIVADO ....................................................... 53
*Premia Un Trabajo Bien Hecho* ........................................ *53*
*Haz La Tarea Más Difícil Primero* ..................................... *54*
*Aplica La "Ley De Parkinson"* ............................................ *54*
*Establece Plazos Estrictos*.................................................. *54*
*Toma Un Descanso Rápido* ............................................... *55*
CUÍDATE DE LAS PÉRDIDAS DE TIEMPO .................................... 55
*Revisar Correos Electrónicos*............................................. *56*
*Vertelevisión* ..................................................................... *56*
*Transporte* ........................................................................ *57*
*Smartphones* .................................................................... *57*
*Charlasamistosas*.............................................................. *58*
*Navegarpor Internet* ........................................................ *58*
*Redessociales*.................................................................... *59*

Capítulo 4: Haz Más En Menos Tiempo......................... 60

EL ARTE DE DELEGAR ......................................................... 60

*Puedes Delegar Hacia Abajo Y Hacia Arriba* .................... 60
*Entrega Instrucciones Claras Y Concisas* ......................... 61
*Fomenta La Competencia Y Empodera A Las Personas
Cuando Delegues Hacia Abajo* ........................................ 62
*Delegarsignifica "Soltar"* ................................................ 62

Capítulo 5: El Papel De La Salud En La Gestión Del Tiempo 65
- COME BIEN ........................................................................ 65
- HAZEJERCICIO ................................................................... 67
- DUERME ............................................................................ 68
- TOMA SUPLEMENTOS ....................................................... 70
- DIVIÉRTETE ....................................................................... 71

Capítulo 6: Tu Plan De Acción ............................................ 73
- ESTABLECE PRIORIDADES .................................................. 74
- ORGANÍZATE .................................................................... 74
- ESTABLECE UN HORARIO VIABLE PARA LAS ACTIVIDADES ... 75
- DEJA DE PRACTICAR MULTITAREAS .................................. 75
- DELEGA ............................................................................ 75
- DEJA DE POSTERGAR ....................................................... 76
- IDENTIFICA Y ELIMINA LAS ACTIVIDADES QUE TE HACEN PERDER EL TIEMPO ........................................................... 76
- PRÉSTALE ATENCIÓN A TU SALUD ..................................... 77
- HAZ REVISIONES PERIÓDICAS Y REORIENTA ..................... 77

Conclusión ........................................................................ 79

Parte 2 .............................................................................. 81

Introducción ..................................................................... 82

Capítulo 1 Mito: Puede Hacerlo Todo Usted Solo ............. 87

Capítulo 2 Mito: Para Hacer Más Debe Levantarse Temprano ............................................................................................ 93

Capítulo 3 Mito: Hacer Multitareas Es Una Idea Terrible ... 98

Capítulo 4 Mito: Trabajar Más Horas Es La Forma De Hacer Más ................................................................................. 103

Capítulo 5 Mito: Decir "Sí" En Cada Oportunidad............ 110

Capítulo 6 Mito: La Gente Productiva Trabaja Con Una Lista ................................................................................. 115

Capítulo 7 Mito: Los E-Mail Son La Forma Más Efectiva De Comunicación ............................................................ 120

Capítulo 8 Mito: Estar Ocupado Es Lo Mismo Que Ser Productivo ................................................................... 125

Capítulo 9 Mito: Cada Minuto Que Se Usa En Planeación Ahorra Diez En Ejecución................................................. 129

Capítulo 10 Mito: Trabaje Con Inteligencia, No Más Duro 134

Conclusión ................................................................. 137

**Parte 1**

## Introducción:¿Por qué leer este libro?

El tiempo es una de las cosas más preciadas que tiene el ser humano y, tal vez, la que peor se administra. Con cada momento que pasa, estamos más cerca de la muerte; aunque suene mórbido, es verdad. En ese caso, ¿no deberíamos tratar de aprovechar cada momento?

En el mundo de hoy, con todas las comodidades modernas, las computadoras, los viajes rápidos, los teléfonos celulares inteligentes, el internet y todos los últimos elementos tecnológicos, sería fácil creer que también podríamos controlar el tiempo. Aún con toda la tecnología moderna orientada a facilitar las cosas para los seres humanos, irónicamente, nos es imposible gestionar nuestro trabajo del día, siempre falta algo. Siempre hay algo que debes hacer, pero simplemente no tienes tiempo, ¿por qué sucede esto?

Si hay algo que al ser humano moderno siempre le falta, es tiempo. Ya seas ama de casa, profesional o ambos, siempre estás preocupado del tiempo y esperas un milagro que alargue tu día para poder terminarlo todo.

Donde sea que mires, hay un caos total debido a la falta de tiempo. Las personas se han convertido en esclavas del reloj y necesitan planear la diversión, el ocio y el relajo; no hay espacio para la espontaneidad, porque no hay tiempo.

¿Estás harto de correr de un lado a otro para aprovechar el tiempo que tienes al máximo y esperascontra toda esperanza poder completar lo que te propusiste? Definitivamente sí, porque estás leyendo este libro.

¡Felicidades! Has dado el paso correctoporque este libro te enseñará cómo lograr más cosas en menos tiempo, sin estrés ni repercusiones. Aprenderás a usar tu tiempo de manera óptima, sin tener que apresurarte todo el día como un zombi. También podrás recuperar tu vida y encontrar tiempo para "oler las rosas".

Contrario a la creencia común, no es tan difícil hacerte cargo de tu vida gestionando mejor tu tiempo. Sin embargo, sí se requiere una cierta cantidad de autodisciplina en las primeras etapas. Las buenas noticias son que PUEDES hacer lo que quieras, siempre y cuando aprendas a trabajar con inteligencia en vez de solo trabajar mucho. Esto es lo que este libro te va a enseñar, cómo trabajar con INTELIGENCIA para aprovechar tu tiempo.

## Capítulo 1: ¿Qué es la gestión del tiempo?

Por definición, la "gestión del tiempo" es la habilidad de organizar tu tiempo para optimizar los beneficios. Paradójicamente, mientras más ocupado estás, menos logras. Por lo tanto, para ser capaz de hacer más y mejor, debes ser el maestro de tu tiempo y no viceversa.
Hoy vemos a las personas en una carrera constante para llegar a algún lugar, pero todo lo que consiguen es estrés, angustia y problemas de salud. Hay gente que muere de un paro cardiaco a los 55 años, o incluso a los 45, debido al estrés y el estrés es el resultado de la falta de gestión del tiempo. Definitivamente, no quieres eso.
Las personas exitosas, los verdaderos triunfadores y las personas a las que admiras te dirán que trabajar es muy importante en la vida, pero es más importante trabajar con inteligencia que trabajar mucho. "Trabajar con inteligencia" significa que conseguirás más por el esfuerzo que hagas, en vez de viceversa. La mayoría de la gente solo trabaja mucho, lo

que también es bueno, pero si quieres lo MEJOR tienes que aprender a trabajar con inteligencia. Esto te lo entrega la gestión del tiempo.

La gestión del tiempo es el proceso que te da el dominio sobre tu tiempo, te libera para hacer lo que quieras, cuando quieras.

Ahora descubriremos qué tan bueno eres para gestionar tu tiempo. Completa el cuestionario y verás que los resultados son sorprendentes.

### *Cuestionario: ¿Qué tan bueno eres para gestionar tu tiempo?*

Responde las preguntas de manera cuidadosa y honesta. La respuesta debe representar lo que de verdad haces, no lo que crees que sería correcto. Entrégate puntajes de acuerdo a las siguientes respuestas:

Nunca – 1

Raramente – 2

A veces – 3

A menudo – 4

Muy a menudo – 5

1. Las tareas que asumo siempre son de

prioridad máxima.
2. Siempre me falta el tiempo, pido prórrogas o completo las tareas a última hora.
3. Siempre reservo tiempo para planear el día siguiente.
4. Siempre o casi siempre estoy consciente de cuánto tiempo necesita cada tarea.
5. Siempre me interrumpen cuando estoy trabajando.
6. Planeo mi trabajo de acuerdo a las metas que me he propuesto.
7. Siempre tengo planes de respaldo listos para que mi trabajo no se descarrile.
8. Estoy consciente de la importancia de la tarea en la que estoy trabajando. Todas mis tareas están organizadas en: alta importancia, media importancia ybaja importancia.

9. Cuando recibo una tarea nueva, la evalúo y la indexo según las prioridades de mi horario.
10. Me siento estresado por mis compromisos y fechas de entrega.

11. Me distraigo y mi trabajo se desvía del horario.
12. La mayoría de las veces, me llevo mi trabajo a casa porque nunca lo termino a tiempo.
13. Siempre priorizo mi trabajo.
14. Establezco mis prioridades en el trabajo en conjunto con mi jefe.
15. Antes de aceptar una tarea, rápidamente analizo si vale la pena el tiempo que requiere.

Suma tus puntajes y mira el resultado:

**75-46** = Eres bueno para gestionar tu tiempo, sigue así y te irá bien

**45-31** = Hay mucho espacio para mejorar. Estás muy estresado con tu trabajo y ya es hora que aprendas a gestionar mejor tu tiempo.

**30-15** = Este libro fue escrito para ti. Tienes que observar atentamente la manera en la que procedes, tienes que organizarte para aprovechar tu tiempo o lo arriesgas todo: tu familia, tus amigos y tu carrera.

## 7 Razones por las que es bueno gestionar tu tiempo

Una buena gestión de tiempo te ayudará en todos los aspectos de tu vida, como en el trabajo, en tus relaciones, con los niños y contigo mismo. Aquí están las 7 razones más importantes por las que la gestión del tiempo es una habilidad que deberías dominar lo más pronto posible.

### Menos estrés

Gestionar tu tiempo te asegurará una claridad total acerca de lo que haces y cuándo lo haces, es como eliminar toda la basura de tu mente para ver solo lo que necesitas funcionalmente. Por esta razón, obtendrás mínimo estrés y máximo rendimiento.

### Mayor rendimiento

La productividad aumenta a grandes pasos cuando tu mente está libre de estrés y, por lo tanto, libre para enfocarse en las tareas que debes completar, sin distracciones. No solo completas las tareas que te propones, sino que también tienes tiempo para hacer otras cosas que hasta ahora no podías, por falta de tiempo.

### *Más energía*

Recuerda cómo te sientes cuando completas una tarea que necesita una intervención intensa. La satisfacción que disfrutas al final de un trabajo bien hecho y completado a tiempo libera las endorfinas que te hacen sentir bien contigo mismo y más energizado. Estarás listo para empezar la tarea siguiente.

### *Libertad para hacer lo que quieras*

La gestión del tiempo te ayudará a tener suficiente tiempo para completar tu trabajo y aún tener tiempo libre para conectarte con tu familia a diario, socializar con amigos y colegas, empezar un pasatiempo, leer un libro y, en general, hacer cosas que de otra manera considerarías imposibles debido a la falta de tiempo.

### *Menos esfuerzo*

Descubrirás que, con la gestión del tiempo, parece que te esforzaras menos porque tu mente está enfocada y calmada y puedes entregarle toda tu atención a tu horario de trabajo.

### *Menos tiempo desperdiciado*
Una persona desorganizada pierde mucho tiempo buscando cosas, rehaciendo cosas, arreglando sus errores, etc. Gracias a la gestión del tiempo, aprenderás a trabajar de manera enfocada y, así, cometer menos errores (que normalmente se producen por el estrés de no gestionar bien el tiempo). Esto también ayuda a eliminar el tiempo que de otra manera habrías desperdiciado volviendo a una tarea interrumpida.

### *Más oportunidades*
Tener la mente clara te ayuda a pensar de manera más creativa y, así, encontrar más oportunidades para crecer. Una mente sin basura está más abierta a nuevas ideas que una mente que tiene mil y un cosas.

**10 errores que pueden arruinar la gestión del tiempo**

Antes de empezar a buscar el espacio para mejorar, tienes que identificar y reconocer los 10 errores más comunes que comete la mayoría de la gente. Mira de cerca, ¿cuáles se aplican a ti?

***Soy perfeccionista***
No puedo ni pensar en hacer algo que no sea perfecto y, por lo tanto, me toma siglos perfeccionarlo todo de arriba abajo. A menudo, cuando me enfoco en todos los posibles detalles (importantes o no), me pongo tan nervioso que soy inútil la mayoría del día.
**Solución** – Aspira a la perfección, es un buen hábito. Sin embargo, marca el límite cuando se trata de la fecha de entrega. Siempre hay espacio para mejorar, pero dejarlo ir en el momento adecuado liberará tu mente y tu tiempo para hacer y lograr más.

***Necesito ser el mejor para pertenecer***
Constantemente trato de superar a mis colegas con mejor desempeño y siempre estoy en una carrera mental con ellos. Siento que si hago menos, ya no voy a pertenecer. Me esfuerzo mucho por siempre hacer un poco más o mejor que los demás, así me siento apreciado.
**Solución**: ¿Es baja autoestima? No necesitas hacer más que nadie para pertenecer. Si lo haces, debes hacerlo por

ti mismo, por tu satisfacción. Enfócate en dar lo mejor de ti y evita cualquier tipo de comparación.

### *Suelo postergar*

Suelo postergar las cosas hasta el último minuto y luego lo hago todo a gran velocidad, lo que a menudo afecta la calidad del trabajo. Me siento estresado todo el tiempo y logro hacer cada vez menos.

**Solución**: Presta atención a las señales que sugieran que postergar las cosas se está convirtiendo en un hábito para ti. Si es así, inmediatamente toma los pasos para hacer cortocircuito a esta tendencia. Haz un esfuerzo consciente por priorizar y completar tu trabajo antes de las fechas de entrega estipuladas.

### *No puedo decir "no"*

Trabajo muy duro y estoy ocupado la mayoría del tiempo. Aun así, si alguien (no necesariamente mi jefe) me pide ayuda, no puedo negarme. Termino saturado e infeliz porque, en la mayoría de los casos, mi trabajo y mi vida personal sufren.

**Solución**: Aprende a decir "no". Practica

decir "no" frente al espejo hasta que no se sienta tan extraño decirlo. Sé firme, pero amable: no es necesario que des explicaciones cuando te niegas a algo. Será suficiente con decir "lo siento, pero no tengo tiempo para esto en este momento" o "me encantaría ayudar, pero tengo que terminar esto antes del fin de semana". También podrías sugerir alternativas que sean más convenientes para ti, como "no puedo hacerlo en este momento, pero puedo intentarlo la próxima semana si quieres".

### Suelo llenar mi horario

Me gusta usar mi tiempo lo mejor posible y suelo llenar mi horario. Desafortunadamente, a pesar de mis esfuerzos, no soy capaz de controlarlo muy bien, ya que una tarea se topa con otra y crea un caos total. A menudo tengo que volver a planificar, lo que es incómodo y contraproducente.

**Solución**: Reserva una cantidad de tiempo razonable entre citas y tareas. Siempre habrá algo que requiera de tu atención y puedes usar ese tiempo con este propósito. Además, el tiempo reservado te permitirá relajarte y reorientar tu mente.

**Amo las listas de tareas, pero no las puedo hacer todos los días**
Redacto una lista de tareas y me quedo estancado en ella por días, a veces por semanas. A menudo, la lista me molesta más de lo que me ayuda, ya que no funciono tan bien con ella como sin ella. Irónicamente, la lista me distrae más de lo que me ayuda. No sé cómo algunas personas trabajan tan bien con listas de tareas.

**Solución**: La mayoría de las personas siente que no se deben tocar las listas de tareas hechas hasta que estén completas. Error; tienes que reescribir tu lista de tareas todas las noches, para el día siguiente. Esto se debe a que cada día viene con nuevas prioridades y, por lo tanto, tienes que escribir las tareas de cada día de acuerdo a las últimas prioridades. Solo entonces puedes dar lo mejor de ti y asegurar una productividad óptima.

***No puedo priorizar bien***

Sé que realizar múltiples tareas a la vez es contraproducente, pero, a pesar de mis esfuerzos, termino haciéndolo todo el tiempo porque no sé priorizar muy bien. Apenas llega un nuevo proyecto a mi escritorio, me siento obligado a empezarlo, lo que arruina por completo mi horario. A veces trabajo en 4 o 5 proyectos al mismo tiempo y no estoy satisfecho con el progreso ni la calidad de estos.

**Solución**: Cuando sientas el impulso de comenzar algo más cuando aún estés completando una tarea, haz un esfuerzo consciente por resistir. En cambio, agrégalo a la lista de tareas del día siguiente y asígnale la etiqueta de prioridad adecuada. Hazte el hábito de mantener tu horario, a menos que surja algo urgente que no se pueda postergar.

***Lo tengo todo en mi mente, no necesito escribirlo***

Me gusta tomar notas mentales de lo que debo hacer en vez de escribirlas. Siento que escribir las cosas requiere mucho esfuerzo y tiempo. A veces sí olvido cosas y a veces me confundo un poco, pero, en general, creo que lo estoy haciendo bien. Desearía encontrar una manera de recordar las cosas mejor.

**Solución**: Escribir las cosas no es tan engorroso ni toma tanto tiempo como el resultado de olvidar un proyecto importante. Planear es una parte extremadamente importante del proceso, sin la cual, a menudo, los mejores esfuerzos fallan.

Hazte el hábito de escribir las cosas y hacer listas de tareas y descubrirás que tu productividad aumentará relativamente sin esfuerzo.

### *Suelo confundir e intercambiar urgente e importante*

Trabajo en un campo donde siempre llegan tareas urgentes y suelo ocuparme de ellas, reemplazando algunos de los proyectos importantes que estaban en mi horario, lo que a menudo resulta en frustración e incumplimiento de fechas de entrega.

**Solución**: Anota las tareas urgentes en el tiempo "libre" en tu horario. Trata de no comenzar un proyecto nuevo a menos que lo hayas anotado y priorizado en tu lista de tareas. Si existen excepciones, se entiende que serían ocurrencias poco comunes por definición.

***Aún no tengo metas claras porque no creo que sea importante***

No tengo ninguna meta clara y no creo que sea muy importante. Prefiero vivir un día a la vez e ir donde me lleve el destino. Sin embargo, a veces soy incapaz de tomar decisiones rápidas y con firmeza debido a mi falta de dirección. También siento que mi productividad sufre.

**Solución**: Las metas te dan dirección y, a menos que tengas las tuyas, serás guiado por las de los demás. Tómate un tiempo y escribe la meta de tu vida (o metas, puedes tener más de una) y luego divide la meta en etapas más pequeñas anuales, semestrales o mensuales. Descubrirás que tu mente y trabajo están más enfocados y eres capaz de obtener mucho más con el mismo (o menos) esfuerzo.

## Capítulo 2: Herramientas esenciales de gestión del tiempo

La gestión del tiempo es un proceso y, como cualquier proceso, es más fácil cuando tienes las herramientas correctas. Existen muchas herramientas que podrías usar para perfeccionar tu gestión del tiempo, pero las cuatro descritas más abajo son, tal vez, las más poderosas y eficaces para aumentar la productividad.

### *Establece metas*

¿Dónde quieres estar en 5 años más? ¿Qué tal en 15 años más? ¿Qué tal después de jubilarte? ¿Has pensado en eso? ¿Te has visualizado en diferentes momentos en el futuro?

Sin una clara meta en la vida, no tendrías dirección. Lo que es más importante, no sabrías si eres exitoso o no. No tendrías nada contra lo que compararte ni sabrías dónde llevan tus esfuerzos.

Necesitas tener metas para asegurar que tu vida tenga una dirección. Esta dirección definiría el propósito de tu vida, haría tu vida más interesante y te motivaría a trabajar. Algunosejemplos de metas de vida:

-Quiero ser un ama de casa excelente, crear una atmósfera cariñosa, saludable y amorosa que convierta una casa en un hogar

-Quiero ser el Director General de una casa de moda importante

-Quiero tener mi propio negocio de XYZ

-Quiero tener $1 millón de dólares en el banco en 10 años

-Quiero tener un doctorado antes de mi cumpleaños número 30

-Quiero quedar libre de deudas en 5 años

-Quiero jubilarme y viajar por el mundo antes de los 50 años

-Quiero tener mi propia casa en mi playa favorita antes de mi cumpleaños número 45

-Quiero llevar a mis hijos a la universidad

-Quiero empezar mi propio estudio de fotografía

-Quiero vivir en Europa después de jubilarme

Como puedes ver, las metas te entregan un

sentido general de propósito. Tienes un objetivo fijo y, por lo tanto, te será más fácil planear tu vida. Con una meta fija, podrás decidir qué trabajo es el mejor para ti, qué tipo de relación estás buscando, qué actividades podrías realizar para entretenerte, etc. La vida es mucho mejor cuando tienes una meta fija porque así sabes dónde apuntar, tienes un destino y, a través de él, encuentras una dirección.

Esta es una de las herramientas más importantes en la gestión del tiempo, una que debes establecer correctamente. Para establecer una meta, considera seguir los 5 pasos descritos más abajo.

### 5 Reglas doradas para establecer metas
**Regla N° 1 – La meta debe ser motivante**

Una meta de vida debe ser algo que quieras alcanzar con todo tu corazón, debe ser importante, debe darte mucho placer y debe motivarte. Recuerda que una meta le dará un enfoque a tu vida, tendrá que ser algo que te enorgullezca, que te dé felicidad y te haga sentir bien contigo mismo.

Puedes escribir más de una meta si sientes

que es necesario. Por ejemplo, tus metas podrían ser:
- Quiero jubilarme a los 55 años
- Quiero llevar a mis 5 hijos a la universidad
- Quiero tener $3 millones de dólares en el banco antes de mi cumpleaños número 50
- Quiero tener al menos 5 pinturas para vender en una exhibición
- Quiero crear un refugio animal para gatos antes de jubilarme

Todo esto puede ser parte de tu meta de vida general. Comprueba que cada frase te haga sentir vivo y feliz, que te haga querer levantarte y trabajar para conseguirlo. Ese es el poder de una meta, te motiva a comenzar.

**Regla N° 2 – La meta debe ser inteligente**

Una meta debería cumplir con estos cinco atributos específicos:

**ES**PECÍFICA – la meta debe estar bien definida y ser muy clara. Si cierras los ojos, deberías verla claramente, sin ambigüedad.

**M**EDIBLE – la meta debe tener indicadores

claros. Debes medir el tiempo y cantidad para programarla. Decir "quiero estar libre de deudas" no es una meta aceptable porque no está ni aquí ni allá, pero si dices "quiero estar libre de deudas en 3 años" la meta es definitiva. Tienes tres años para conseguirlo, así, puedes planear tus finanzas, actividades y estilo de vida de acuerdo con tu meta.

**A**LCANZABLE – la meta debe ser alcanzable según tus creencias, puede ser tan loca como quieras, mientras creas que es posible. Por ejemplo, "necesito aprender a volar antes de los 30 años" debería ser alcanzable, pero ten cuidado de no hacerlo muy fácil. Si es muy fácil, no tendrá el poder que te desafíe a actuar. Haz que tu meta sea desafiante, pero alcanzable. Por ejemplo, "tengo que pagar mi deuda de $200 mil dólares en 5 años".

**R**ELEVANTE – tus metas deberían estar sincronizadas con tus creencias y naturaleza. Digamos que quieres ser veterinario porque amas a los animales. No tiene sentido que trates de ser piloto solo porque es más glamoroso. Tus metas deben reflejar lo que más quieres, lo que te hace feliz, lo que te da propósito.

CON UN PLAZO DETERMINADO– la meta debe tener una fecha límite. Quiero hacer XYZ en esta cantidad de años/en esta fecha. A menos que le pongas un límite a la meta, no sentirás la urgencia de planear.

**Regla N° 3 – Escríbela**

Es fácil olvidar algo que no está escrito en términos concisos, debes escribir tu meta de vida y mirarla todos los días mientras visualizas que ya se cumplió. También es muy importante cómo escribas la meta, tienes que usar términos definitivos como "haré" y evitar el espacio para ambigüedades, como "me gustaría", "podría", etc. Ejemplos:

**Buena oración de meta –** "Estaré libre de deudas ($50.000 dólares) en cinco años a partir de hoy, indica la fecha". La oración indica cuánto dinero se debe pagar antes de esa fecha. Es específico, medible, alcanzable, relevante y con un plazo determinado. Se puede medir y planear, también puedes verificar si estás progresando o no.

**Mala oración de meta** – Me gustaría estar libre de deudas en un futuro relativamente cercano. Solo sabrías que te "gustaría" estar libre de deudas. ¿Cuándo?, ¿cuánto dinero?, ¿cómo? Nada más está claro y, por lo tanto, estaría destinada a fallar desde el principio.

**Regla N° 4 – Respalda tu meta con un plan de acción bien definido**

Aquí es donde planeas cumplir la meta que te propusiste. La meta requiere de un plan de acción conciso si quieres ver resultados. Por ejemplo, a la frase "Estaré libre de deudas ($55.000 dólares) en 5 años" debes añadirle pasos estratégicos. Tienes que generar $11.000 dólares adicionales al año para cumplir tu meta.

- ¿Cómo vas a generar el dinero adicional?
- ¿Cuánto tienes que ahorrar mensualmente para cada pago?
- ¿Qué clase de trabajo puedes realizar para generar el monto que necesitas?
- ¿Cuál es el plan de respaldo, si no puedes generar este monto?

**Regla N° 5 – Una vez que establezcas tu**

**meta, síguela sin importar nada**

Una vez que tu meta esté establecida, tienes que comprometerte, harías todo lo posible para conseguirla. Esto significa que tendrás que crear pequeñas metas que te ayuden a lograrlo dentro de la fecha límite. Es muy importante que sigas el plan y alcances tu meta general.

Para que sea interesante y motivante, establece las metas iniciales con la cantidad correcta de provocación y desafío. Apenas cumplas una, celebra de manera exagerada, así tu cerebro se programará y querrá lograr más cosas, más rápido. Ordena las pequeñas metas de manera que esperes con ansias alcanzar cada una de ellas porque sabes que con cada meta completada, estás más cerca de alcanzar la meta de vida general que imaginaste.

### *Importante: Es bueno mezclar los negocios y el placer*

La mayoría de la gente, cuando piensa en metas, cree que este concepto solo se aplica a la carrera o al perfil profesional.

Nada podría estar más lejos de la verdad: tu meta de vida debería ser, antes que nada, "ser feliz".

Es una premisa abstracta, pero importante, porque afirma que los aspectos profesionales son tan importantes como tu placer. Las metas se deben establecer acerca de lo que quieres alcanzar profesionalmente y, al mismo tiempo, deben mostrar dónde quieres estar emocionalmente.

Digamos que te quieres jubilar como Director General o Presidente de una Empresa. Esta es una buena meta respecto a tu carrera. Para el placer, podrías decir "quiero aprender los idiomas italiano, alemán y español antes de jubilarme" o podrías aprender a pintar o lo que sea que te cause placer.

Una buena meta abarca todos los aspectos de tu vida y trata de ayudar a las personas a crecer de manera exponencial intelectual, financiera y personalmente.

### *Listas de tareas*

Otra herramienta muy importante para la

gestión del tiempo es la lista de tareas: esta te ayudará a organizar tus ideas, lo que es tremendamente importante, y a combatir todo tipo de distracciones.

La lista de tareas te mostrará cuántas cosas tienes que hacer durante el día, cuál es la prioridad número 1 y cuál se puede posponer. También te mostrará cuántas tareas has completado durante el período y cuántas se pueden mover a la lista de tareas del día siguiente.

No cometas el error de descartar esta herramienta como si fuese insignificante o trivial porque, definitivamente, no lo es. La lista de tareas es, quizá, la herramienta más importante para la gestión del tiempo: mantendrá tu mente despejada, enfocada y motivada para completar las tareas de cada día.

Por lo tanto, con cada día que completes, estarás más cerca de alcanzar el final, tu meta de vida. En el fondo, el día es la unidad de tiempo completa más pequeña y la lista de tareas te ayudará a usarla de manera eficaz y con propósito.

Existe otro enorme beneficio que te

entregarála lista de tareas: tendrás la oportunidad de medir tu progreso. Al final del día, cuando veas todas esas tareas terminadas tachadas de la lista, te sentirás bien contigo mismo y estarás muy satisfecho por haber logrado tanto. Este sentimiento de satisfacción te motivará a trabajar más y mejor al día siguiente, feliz y convencido de que estás avanzando en la dirección correcta y que vas a alcanzar tu meta.

*Cómo preparar una lista de tareas*

Comienza por escribir todas las tareas que tienes que terminar, este sería tu borrador. Escribe todo lo que se te venga a la mente, sin importar el orden. Una vez que lo tengas todo escrito, asigna prioridad a la lista con números (el 1 es la primera prioridad y el 5, la última) o letras (A para la más importante y E para la menos importante). Vuelve a escribir la lista en el orden en el que debes completar las tareas según su prioridad.

Hay unas cuantas cosas que debes tener en mente cuando escribes tu lista de tareas:

- De las 24 horas que tienes al día, tienes 18 despierto, planea de acuerdo a esto.
- Trata de completar las tareas más desagradables primero porque, luego de terminar lo peor, lo demás parecerá más fácil.
- Tienes que reservar al menos 5 o 6 horas para dormir, esto no es negociable. Sin el descanso apropiado, no podrías dar lo mejor de ti y, por lo tanto, cualquier ventaja que hayas ganado a costa de tus horas de sueño pronto se neutralizará por una disminución de niveles de energía y habilidad de trabajar después.
- Mantén un pequeño margen de tiempo entre cada tarea para compensar los descansos, interrupciones o distracciones repentinas e inevitables, circunstancias más allá de tu control, etc.
- Entrégale una cantidad de tiempo máximo a cada tarea. No tomes más tiempo del que le asignaste a la tarea a menos que sea importante y urgente. Normalmente, deberías continuar con

la siguiente tarea en la lista y mover la tarea no terminada a la lista de tareas del día siguiente.
- Asigna las tareas que requieran más energía al momento del día en el que tengas más energía, a menos que sea urgente y debas completarlas en la mañana.
- Escribe la lista de tareas para el día siguiente durante la noche, NO en la mañana o pasarás gran parte de la mañana planeando el día.
- Mantén la lista de tareas donde puedas verla todo el tiempo y tachar las tareas terminadas. Se siente muy bien ver que estás progresando.
- Asigna tiempo para relajarte o divertirte cada 2 o 3 horas.
- Date el tiempo necesario para almorzar cómodamente, aunque comas en tu escritorio.
- Si es posible, aprende a tomar siestas cortas durante el día: una siesta de 10-20 minutos después de almorzar. Muchos lo consideran increíblemente estimulante.

### *Usa la tecnología para aumentar la eficacia de tu lista de tareas*

Aunque solo tener una lista de tareas te ayudará considerablemente a gestionar tu tiempo, usar la tecnología puede hacer una gran diferencia. Existen muchas aplicaciones y programas de software que puedes usar para facilitar tu vida. Un ejemplo sería http://www.toodledo.com/, que es gratis y excepcionalmente buena. Otro programa similar es http://todoist.com/.

Considera probar unas pocas antes de decidir cuál se adapta mejor a ti. Puede que, lo que funciona para tu amigo o colega, no funcione tan bien para ti. Así que, no solo escojas una que te hayan recomendado, explora y no te detengas hasta encontrar una con la que estés 100 % feliz. Lo bueno es que la mayoría de estas aplicaciones de productividad es gratis.

Usa programas que puedas sincronizar en tu celular y tu computadora, así podrás actualizar cualquiera de las dos y estar al día.

Con tu celular y computadora como ayuda, tus listas de tareas se pueden convertir en las herramientas de gestión de tiempo más poderosas. Puedes tener alarmas para recordatorios, un temporizador que te indique cuándo debes pasar a la siguiente tarea, cuándo descansar y se pueden pasar automáticamenteal día siguiente las tareas restantes (incompletas) y así sucesivamente.

La tecnología es como tener un asistente privado 24/7: es súper eficiente y trabaja gratis.

**Prioriza: ¿Qué hacer cuando tus prioridades chocan?**

Cuando redactas una lista de tareas, lo primero que debes hacer es priorizar las tareas de acuerdo a su importancia y urgencia. Importancia y urgencia no son lo mismo y casi nunca son intercambiables, aunque lo parezcan.

Debes priorizar las tareas según tu percepción de urgencia e importancia. Por ejemplo, contestar el teléfono cuando suena es urgente, pero no siempre importante, lo que significa que, a veces, puedes dejar que el teléfono suene si estás haciendo algo importante.

Asegúrate de entender qué tarea debes completar primero. No deberías dudar acerca de qué tienes que hacer y cuándo, por esto haces listas de tareas.

***¿Qué pasa cuando tienes dos o más tareas con la misma prioridad?***

Te sorprenderá lo seguido que esto sucede. Miras la lista y terminas con 5 tareas clasificadas con el número 1, ¿qué haces? Suena difícil, pero, como Sherlock Holmes siempre es citado, de hecho es "elemental". Tendrás que observar las tareas con la misma prioridad y definir en qué orden las quieres completar, ya que no puedes hacerlas todas a la vez.

Una vez que te lo propongas, verás que es relativamente fácil decidir qué tareas quieres o debes completar primero. No te detengas hasta que hayas ordenado todas tus tareas de manera definitiva. Aunque podrías hacerlo a mano, aquí es donde la tecnología puede ayudar a incrementar mucho el rendimiento.

*Plan de acción*

El plan de acción es como un mapa local para organizarte alrededor de tu tarea diaria y para mantenerte en camino a tu meta (o metas) principal. Entonces, un plan de acción es una pequeña parte del plan general.

Por ejemplo, digamos que una de tus metas principales es jubilarte a los 50 años. Para lograrlo, tienes que ser autosuficiente en el área financiera. Por lo tanto, tendrías que identificar la cantidad de dinero que te haría sentir cómodo al momento de jubilarte y luego dar todos los pasos necesarios para llegar a la meta. Los siguientes pasos serían obvios:

- Contacta a un experto en finanzas o inversiones.
- Averigua cuánto dinero tienes que ahorrar o invertir anualmente para alcanzar tu meta.
- Averigua qué tipo de inversiones harán que tu dinero trabaje por ti y te traerán las mayores ganancias posibles con riesgos mínimos.
- Identifica métodos para aumentar tus

ahorros al máximo.
- Asegúrate de estar libre de deudas antes de jubilarte.
- Prepárate para el periodo luego de la jubilación.

Cada una de estas submetas podría ser un plan de acción. Por ejemplo, tomemos el primer paso:

**Contacta a un experto en finanzas o inversiones**.

Identifica a un buen experto en finanzas
- Averigua qué criterios necesitas para decidir
- Qué tipo de experto financiero se adapta mejor a tus necesidades
- Decide si quieres contactar a un experto por internet o en persona

Negocia su función a corto o largo plazo
- ¿Cuáles serían las tarifas?
- ¿Cuáles son las ventajas y desventajas de usar uno a largo o a corto plazo?

De esta manera, cada plan de acción cumple una tarea. Estos planes de acción podrían funcionar en conjunto para alcanzar cada mini-meta. Como podrás comprobar, cuando una tarea se divide en unidades más pequeñas, es más fácil completarlas y la meta se hace alcanzable.

Para asegurarte de manejar tu tiempo de manera óptima, tienes que dividir tus metas principales en submetas pequeñas. A su vez, estas submetas se pueden dividir en tareas y planes de acción para que sepas qué hacer, paso a paso, para conseguirlo.

## Capítulo 3: Cómo controlar tu entorno laboral

El término "entorno laboral" aquí se refiere a tu lugar de trabajo y a tu hogar, y a cualquier otro lugar donde planees realizar cualquier tipo de actividad. Es un hecho aceptado que, para poder trabajar mejor, es importante tener una atmósfera conductiva. Si no estás feliz con tu entorno, se te hace más difícil enfocarte en la tarea actual, ya que estarás distraído constantemente debido a varios fastidios.

Por lo tanto, es muy importante que crees un entorno a tu alrededor que fomente un rendimiento óptimo para ti y para todos los que trabajan contigo. Esto abarca tu estilo de trabajo, el equipo que usas, las personas con las que trabajas y tu nivel de motivación.

### *Deshazte de la basura*

La basura es como un monstruo oculto que consume tu energía. Descubrirás que, donde sea que haya basura, la productividad disminuirá considerablemente. Tienes que deshacerte de la basura de tu entorno y de tu mente si quieres ser capaz de dar lo mejor de ti en cualquier momento.

**Despeja tu entorno**
Aquí hay unos cuantos consejos para asegurar que tu entorno esté libre de basura y se quede así:

1. Todo debe tener su lugar: esta es una de las reglas más importantes, ya sea que estés en la oficina o en tu casa (o viajando). Todo debe tener su lugar.Crea un orden en tu escritorio, donde los papeles lleguen a la izquierda y se envíen hacia la derecha. En la superficie de la mesa solo deben estar los objetos con los que necesitas trabajar durante las horas de oficina, el resto se puede guardar en cajones o en otro lugar designado.

2. Extiende tu lugar de trabajo verticalmente: la falta de espacio es la razón más común para un escritorio desordenado. Si no tienes espacio suficiente para que cada cosa tenga su

lugar, considera expandir verticalmente. Instalar cubículos abiertos de distintos tamaños en la pared de atrás o a los lados puede despejar tu entorno instantáneamente.

3. Añade espacio de almacenamiento oculto: piensa dónde podrías insertar un par de cajones y hazlo. Tu escritorio podría ser una unidad de almacenamiento versátil si lo levantaras un poco y luego lo equiparas con divisiones o cajones. Puedes añadir una caja oculta en varios lugares en la estación de trabajo. Deja que tu creatividad fluya o llama a un experto.

4. Organiza los cajones: solo tener cajones no es suficiente,también asegúrate que los cajones estén diseñados para mantener todo en su lugar. Usa divisiones dentro del cajón para asegurar que puedas encontrar lo que quieras sin siquiera mirar. Es sorprendente lo mucho que tu productividad puede aumentar cuando

tienes todo lo que necesitas en su lugar.

5. Despeja el escritorio de la computadora diaria o semanalmente: si sueles guardarlo todo en el escritorio, en poco tiempo tendrás una gran cantidad de archivos desordenando tu escritorio. Además de dificultar que encuentres las cosas, la basura también podría cansar a tu mente. Haz un hábito de enviar todos los archivos a sus carpetas respectivas y despejar el escritorio, ya sea al final del trabajo o al final de la semana.

6. Se deben archivar los documentos de inmediato: en las oficinas donde se usa mucho papel, es muy importante que se archive el mismo día, todos los días. Aproximadamente el 30 % del horario de trabajo se suele desperdiciar buscando documentos en una oficina. No permitas que ocurraesta pérdida de tiempo.

7. Guarda solo lo que necesites: olvida lo

que "podrías necesitar algún día". Mantén solo lo que necesitas a tu alrededor, deshazte de todo lo que no necesites usar a diario.

*Despejatumente*

Despejar tu mente es tan importante como despejar tu entorno laboral. ¿Cómo despejas tu mente? Aquí hay algunos consejos que te ayudarán a liberar tu mente para que puedas concentrarte en la tarea que debes completar.

1. Escríbelo: aquí es donde tu lista de tareas es útil. Escribe todo lo que tengas que hacer cada día. Escribe la lista de tareas del día siguiente antes de irte a la cama. De esta forma, sabrás lo que tienes que hacer cuando despiertes en la mañana.

2. Usa una agenda: puedes escribir y estructurar lo que debes hacer en una semana, un mes y un año en una agenda anual. Pon la agenda donde puedas verla claramente todos los días.

3. Usa la tecnología: no te envíes notas

mentales ni te agobies por tener que recordar tantas cosas o por olvidar algo importante. Usa tu teléfono celular para recordar tus tareas, mantener un registro del tiempo, anunciar reuniones, fechas de entrega, etc. Así, tu mente quedará libre para enfocarse en el trabajo y nada más.

4. Deja las cosas de la oficina en la oficina:asegúrate de desconectar tu mente de los asuntos de la oficina en el momento que salgas de ella. Lo mismo se aplica a asuntos del hogar, deja todas tus preocupaciones familiares en casa y no permitas que interfieran con lo que tienes que hacer en la oficina. Toma algo de práctica, pero es posible. Programa tu celular para que no suene entre las 8 y 9am. Además, no abras correos electrónicos de la oficina cuando ya no estés ahí.

5. Tómate el tiempo para relajar tu mente: necesitas relajación mental para deshacerte del estrés que se acumula

durante las horas de trabajo, especialmente si tu trabajo implica un entorno de mucho estrés. Encuentra maneras de relajar tu mente, como meditaciones de 5-10 minutos, siestas cortas de 10-20 minutosdespués del almuerzo, escuchar música de fondo, etc.

**Realizar multitareas: ¿Es bueno o malo?**

La mayoría de las veces, realizar varias tareas al mismo tiempo se considera un sinónimo de eficacia, un nivel elevado de inteligencia, incluso genio. La mayoría de las personas practican multitareas sin siquiera saberlo. Por ejemplo, estás escribiendo un informe o correo electrónico y te llaman por teléfono, contestas la llamada mientras sigues escribiendo, suele suceder. También puede que estés trabajando en 3 o 4 proyectos importantes a la vez, cada uno con sus propias dificultades y fechas de entrega.

Hace mucho tiempo, la habilidad de practicar multitareas se consideraba un requisito para hacer bien un trabajo. Hoy en día, ya no se cree que esto sea verdad, de hecho, estudios recientes indican que realizar multitareas en realidad es contraproducente: esto es porque la atención dividida interfiere con la calidad del trabajo, lo que resulta en mediocridad en el mejor de los casos.

Es por esto que los gurús de la gestión de hoy aconsejan olvidar el hábito de practicar multitareas tan pronto como sea posible. Practicar multitareas no aumenta la productividad; por el contrario, la disminuye y al mismo tiempo reduce la calidad del trabajo.

Los estudios también muestran que practicar multitareas aumenta los niveles de estrés que, si no se liberan a menudo, pueden debilitar la habilidad de enfocarse y concentrarse. Tu capacidad para trabajar disminuirá gradualmente mientras que tu mente se fatiga con el constante cambio de una tarea a otra. Con el tiempo, te encontrarás tan cansado mentalmente que las tareas más simples te agobiarían.

Por lo tanto, es importante que NO practiques multitareas. En su lugar, debes aprender a dividir las tareas para enfocarte en una sola a la vez. Está bien que trates de trabajar simultáneamente en cosas que se podrían agrupar. Por ejemplo, podrías leer tu correo electrónico, responderlo y luego actualizar tus redes sociales, ya que esto está en una línea de pensamiento similar, será más más fácil hacerlo todo casi junto. Otro ejemplo podría ser investigar y crear una presentación o escribir una publicación.

Agrupar significa que alineas tareas que se complementan o son similares entre sí. Esto significa que no tienes que desconectarte cuando pases de una tarea a otra, por lo cual la calidad no está en peligro.

### *Ten cuidado con practicar multitareas: 3 señales a las que tienes que estar atento*

Puede que no sea muy fácil dejar de practicar multitareas porque ya es parte del estilo de vida "moderno". Sin embargo, vale la pena. Puedes aprender a estar atento a los indicadores y luego tomar medidas para resolverlos según la situación.

1. Tu escritorio está desordenado y no

puedes sacar nada. Recuerdo que, cuando era niño, me encantaba leer libros, solía ir a la biblioteca de la escuela y pedir al menos 5 o 6 libros a la vez. Mientras estaba en mi cama, tenía a mi alrededor al menos 2 o 3 libros. Mi mamá notó mi hábito y me hizo devolver todos los libros, menos uno. Me dijo que leer un libro a la vez no solo hace que la historia sea más memorable, sino que también me motivaría a terminarlo pronto para poder pedir el siguiente libro que quería leer.

De manera similar, si miras tu escritorio y tienes demasiadas cosas abiertas y no puedes sacar nada, estás practicando multitareas.

**Solución**: Para volver al buen camino, deja todo lo que estás haciendo y saca tu lista de tareas. Si no tienes una, este es un buen momento para empezar. Escribe todas las tareas que tienes que completar y luego priorízalas según su urgencia. Incluso si todas tienen casi la misma fecha de entrega, harías bien en enfocarte en una a la vez, ya que esto aumentaría tu productividad.

Una vez que ya hayas priorizado, enfócate en UNA tarea a la vez y guarda todo lo que no tenga relación con esa tarea. Verás que, cuando despejas el desorden, tu mente se despeja y puedes trabajar mejor, más rápido y con mucha más calidad que antes.

2. Tu computadora tiene múltiples ventanas, páginas o pestañas abiertas. Esto es igual que lo anterior, pero esta vez en internet. Tal vez investigar requiera que abras múltiples páginas, pero esto debería ser por un tiempo limitado. Tal vez tengas que leer múltiples informes para las presentaciones. Sin embargo, si tu computadora se está volviendo loca con tantos archivos y páginas abiertas, estás practicando multitareas.

Solución: Crea un archivo principal donde puedas copiar y pegar la información relevante para tu trabajo. Cierra la página (luego de copiar la URL en caso de querer referenciar o revisitar la página) o archiva inmediatamente después de eso. Mientras menos tengas que cambiar, más podrás enfocarte en tu trabajo.

3. Te interrumpen y lo esperas. Estás trabajando en un proyecto importante cuando ves que aparece una notificación de un correo electrónico. No puedes resistir y lo revisas, entonces descubres que es un mensaje de tu jefe, quien te pide que edites un informe urgente, dejas tu proyecto abandonado y empiezas a editar. Esto también es practicar multitareas.

   **Solución**: Cuando estés trabajando en una tarea, asegúrate de limitar tu acceso a distracciones, pon tu celular en silencio, desconecta el Wi-Fi de tu computadora y decide que te aplicarás un 100 % al trabajo que tienes delante.

No solo completarás la tarea en tiempo récord, sino que tendrá más calidad que nunca.

### Afronta las interrupciones

Debes aprender a afrontar las interrupciones cuando estés trabajando en cualquier tarea y debes hacerlo con cuidado y creatividad. Siempre tendrás que mantener las distracciones a raya, algunas agradables y otras no tan agradables. Aquí hay algunos consejos acerca de cómo lograr esto:

### Jornada laboral fija

Que todos sepan, tanto en tu trabajo como en tu casa, que no quieres llamadas telefónicas ni ningún tipo de contacto (a menos que sea una situación de vida o muerte) durante ciertos periodos que destines al trabajo.

### Implementa un aislamiento temporal

Pon tu teléfono en silencio para que las llamadas no te distraigan, pero aun así sepas quién te llamó para poder devolver el llamado cuando estés libre. Aléjate del internet: los correos electrónicos,

Facebook y las notificaciones de juegos son grandes distracciones.

### *Di que no a las charlas amistosas*
Siempre habrá un colega amistoso que pase por tu estación de trabajo a decir "hola" y a tener una charla amistosa. No temas decirle a tu colega que estás tratando de terminar algo rápido y que pueden ponerse al día después, durante el almuerzo o el descanso.

### *Di que no a otro trabajo*
A veces te llega trabajo "urgente" de tus colegas, lo que es difícil rechazar. Aprende a decir "no" de manera firme, pero cortés. Tu prioridad debería ser cómo completar la tarea que tienes frente a ti. Si debes ayudar, deja que tus colegas sepan cuáles son tus prioridades. La mejor manera es explicar que estás trabajando con fechas de entrega estrictas y, por lo tanto, solo puedes realizar otro trabajo después de terminar lo que estás haciendo.

### *Minimiza las distracciones*
¿Qué haces cuando las distracciones te tientan? Te enfocas y resistes la tentación

de practicar multitareas. Cuando te des cuenta que estás trabajando en más de una tarea a la vez, prioriza. Pregúntate qué tarea quieres hacer primero y luego aplícate a ella firmemente.

### Tómate un pequeño descanso

Si tienes que revisar tu correo electrónico o Facebook o encontrarte con alguien que llega sin avisar mientras estás trabajando en algo, date un descanso de unos minutos. No continúes lo que estabas haciendo mientras realizas una segunda actividad, esto te retrasará, desviará tu atención y afectará la calidad y velocidad de tu trabajo.

### Delega

A veces, puedes hacer más, haciendo menos. Si te das cuenta que tu lista de tareas siempre se está desbordando y terminas pasando la mitad a la lista de tareas del día siguiente, tal vez tratas de hacer mucho. Mira tu lista de tareas cuidadosamente y revisa si puedes delegar alguna.

Delegar debería desocupar tus manos (y mente) para hacer más, ya que no te preocuparías sobre lo mucho que tienes que hacer. Para delegar bien, tienes que mirar todas las tareas objetivamente y mantener solo las que tienes que hacer tú, las tareas mundanas o de rutina se pueden delegar fácilmente para poder enfocarte mejor en los asuntos más importantes.

### *Mantente motivado*

Mantenerse motivado es uno de los mayores desafíos que la gente enfrenta en su trabajo. Ya sea que te refieras a las tareas del hogar o el trabajo de oficina, suele ser bastante difícilencontrar la motivación en tu interior para hacer cosas. ¿Cómo lo haces? ¿Cómo puedes mantener tu motivación alta para poder lograr lo que te propusiste?

### *Premia un trabajo bien hecho*

Uno de los mejores motivadores es un premio luego de completar una tarea. Haz una lista de los premios apropiados para cada tarea en tu lista, podría ser una taza de café, un juego en tu celular, un descanso de 5 minutos en Facebook, lo que sea que te motive.

### *Haz la tarea más difícil primero*

Haz lo peor lo más pronto posible, mantener algo que no te gusta hacer al final de la lista hará que no quieras hacer las otras tareas. Cuando terminas lo peor, se hace más fácil y placentero completar lo que tienes en tu lista.

### *Aplica la "Ley de Parkinson"*

La Ley de Parkinson afirma que el trabajo se expande hastallenar el tiempo disponible para completarlo. Según esta ley, trata de asignarle a la tarea un poco menos de tiempo del que crees que vas a necesitar, no tanto menos como para estresarte, sino que lo suficiente para motivarte a trabajar más rápido.

### *Establece plazos estrictos*

Establece plazos estrictos para cada una de las tareas de la lista y, una vez que se acabe el tiempo, avanza a la siguiente tarea en tu lista. No es suficiente tener una lista de tareas, también debes tener límites de tiempo reservados para cada tarea o puede que termines completando solo una tarea en todo el día. Desafíate a completar la tarea antes del plazo y te sorprenderá lo mucho que puedes lograr en un día.

### *Toma un descanso rápido*

Los descansos son excelentes propulsores de la productividad. Estudios demuestran que las personas que se toman un descanso en intervalos de 90 a 120 minutos se enfocan más y trabajan mejor. Pon una alarma para 90 minutos y tómate un descanso para hacer algo relajante, come un bocadillo saludable o toma una taza de café, juega, medita por 10 minutos, escucha una canción, etc. Trata de mantener el descanso bajo los 15 minutos para obtener mejores resultados.

### *Cuídate de las pérdidas de tiempo*

Quizás uno de los desafíos más grandes que tendrás que superar es cómo afrontarlas pérdidas de tiempo. Lo primero que debes hacer es identificar las tareas que más te hacen perder el tiempo. Una vez que tengas la lista, crea un plan para minimizar el daño. Estas son las 7 cosas más comunes que te hacen perder el tiempo:

***Revisar correos electrónicos***

A menos que sea estrictamente necesario, apaga las notificaciones de correos electrónicos en tu celular y asigna una cierta hora para leer y responder los correos todos los días. Puede ser temprano en la mañana, al mediodía o al final del día. Usa una respuesta automática que le avise al emisor a qué hora sueles revisar tu correo electrónico.

***Ver televisión***

Ver televisión es relajante para la mayoría de las personas, pero si terminas viendo algo agradable en todos los canales disponibles, te quedará poco tiempo para hacer otras cosas. Haz una lista de los programas que quieres ver y revisa cuánto tiempo te tomará hacerlo. Si estás cómodo con la cantidad de tiempo que pasas viendo televisión, está bien, pero si crees que la televisión te quita mucho de tu tiempo productivo, planea un horario mejor y síguelo.

***Transporte***
El transporte es uno de los mayores consumidores de tiempo, pero no hay mucho que puedas hacer al respecto. Trata de usar este tiempo para completar tareas largas que no requieran mucha concentración, como revisar tu correo electrónico, enviar recordatorios, organizar tu lista de tareas, investigar para tus presentaciones, comprar en línea, etc. De esta manera, limitas el tiempo desperdiciado.

***Smartphones***
Es maravilloso tener un teléfono que puede hacer tantas cosas (correos electrónicos, juegos, compras en línea, operaciones bancarias, etc.). Por otra parte, el *smartphone* se puede convertir en una pérdida de tiempo adictiva. Resiste chatear y hablar por teléfono más de lo necesario. Si tus llamadas duran más de 2 o 3 minutos, lo estás haciendo mal. Comunícate a través de aplicaciones para chatear, esto te permitirá responder a tu tiempo.
Resiste el impulso de "solo revisar la

notificación" de Facebook, Twitter, juegos, correos electrónicos, etc. Piensas que solo darás un vistazo, pero luego sientes la tentación de jugar, responder otro correo, revisar ofertas y, antes de darte cuenta, has pasado media hora en tu celular.

***Charlasamistosas***
Aunque es importante que mantengasuna buena relación con tus colegas, es mejor limitar las charlas a los descansos y a la hora de almuerzo. Las charlas amistosas pueden ocupar hasta 2 o 3 horas de tu tiempo todos los días. No alientes a tus amigos y familia a contactarte por teléfono a menos que sea necesario. Ten las charlas amistosas por teléfono durante el fin de semana, mientras vas o vuelves del trabajo o en la noche.

***Navegarpor internet***
Navegar por internet es una de las cosas que más consumen tu tiempo. Ya sea que empieces leyendo titulares o viendo una actualización de YouTube, seguirás navegando por esto o aquello y, antes de darte cuenta, han pasado 1 o 2 horas. Concéntrate cuando navegues por

internet, úsalo solo para la tarea que necesitas completar.

## *Redessociales*

Redes como Facebook, Twitter, Pinterest y otras son totalmente adictivas, sientes que solo las revisarás por 2 o 3 minutos y terminas desperdiciando 2 o 3 horas. Asigna un momento para las redes sociales, así no interferirán en tu horario de trabajo.

**Capítulo 4: Haz más en menos tiempo**

Es importante que aprendas y adoptes medidas que te ayuden a trabajar mejor y más rápido. El propósito principal de la gestión del tiempo es realizar las cosas de manera más eficaz.

## *El arte de delegar*

Delegar es una de las mejores maneras de mejorar la productividad y generar más valor por tu tiempo. Contrario a lo que suele creerse, no es fácil dejar el trabajo, especialmente cuando el resultado de ese trabajo en particular es muy importante. Ya sea que hablemos de las tareas del hogar o un proyecto importante, aprender a delegar y hacerlo bien garantiza que tu trabajo se haga de la manera más eficaz.

A menos que aprendas a delegar de manera eficaz, puede que termines con más estrés y menos trabajo. Revisa los siguientes pasos para aprender a delegar:

### *Puedes delegar hacia abajo y hacia arriba*

Hay tareas que puedes delegar hacia arriba y tareas que puedes delegar hacia abajo. Observa cuidadosamente tu lista de tareas e identifica las tareas más triviales y rutinarias, estas las puedes delegar hacia abajo. También identifica qué tareas requieren habilidades especiales que otros podrían realizar mejor que tú, estas tareas las puedes delegar hacia arriba.

Quédate solo con las tareas que puedas realizar excepcionalmente bien. En otras palabras, aplícate a las tareas en las que puedas sobresalir. En este caso, tienes el plan de acción perfecto: juntas, las tareas delegadas hacia abajo y las delegadas hacia arriba, harán que el trabajo sea perfecto.

### *Entrega instrucciones claras y concisas*

Cuando delegues cualquier cosa, asegúrate de entregar instrucciones claras y concisas que no le den espacio a ningún tipo de ambigüedad. Para asegurar que las instrucciones sean claras, pide que te las repitan. A menudo, lo que quieres decir, lo que sale de tu boca y lo que el receptor entiende son cosas totalmente distintas.

Cuando sea posible, entrega las instrucciones por escrito para mantener la claridad y responsabilidad de la tarea.

***Fomenta la competencia y empodera a las personas cuando delegues hacia abajo***

Para que una persona haga un buen trabajo, debe dominarlo: si tiene que pedirte permiso o consejos con cada paso que dé, podrías hacerlo tú. Por esta razón, la regla de oro cuando delegas algo hacia abajo es darle a la persona completa libertad y autoridad para completar esa tarea en particular. En otras palabras, la persona debería ser capaz de hacerlo a su manera, no a la tuya.

Para que haga un buen trabajo, según tus especificaciones, debes asegurarte de que su competencia esté al nivel que se requiere. Escucha lo que necesita y aliéntala a potenciar sus habilidades en cada aspecto que mejore su productividad.

***Delegarsignifica "soltar"***

Cuando decides delegar, sacas esa tarea en particular de tu plato. En otras palabras, no le prestarás atención a ningún detalle hasta que te la entreguen hecha. Puedes enviar unos cuantos recordatorios para mantenerlo todo en orden, pero, aparte de eso, debes soltar la tarea por completo.

Revisar cómo hace el trabajo y estar siempre encima de la persona a la que le has delegado una tarea no solo es molesto, sino que es totalmente contraproducente. En vez de enfocarse en cómo hacer bien el trabajo, la persona se enfocará en cómo mantenerte feliz y hacer que la dejes en paz. Por esta razón, el trabajo sufrirá muchísimo, o peor, no se hará nunca.

Lo mismo se aplica cuando delegas hacia arriba: una vez que asignas la tarea, debes confiar en las habilidades de la persona y en que sabe lo que hace. Este no es el momento de aprender preguntándole "por qué, cómo y cuándo" cada 15 minutos. Déjalo ir y confía en que hará un gran trabajo, lo que contribuirá al éxito de tu proyecto o tarea.

**El principio de Pareto**

La regla del 80/20, también conocida como el principio de Pareto, indica que el 80 % del resultado proviene del 20 % de esfuerzo. Esta regla es muy importante, ya que te dice que puedes conseguir el mayor rendimiento con el mínimo esfuerzo, siempre y cuando lo hagas bien.

"Hacerlo bien" significa que debes identificar la parte más importante de la tarea, donde darás el 20 % para asegurar un rendimiento del 80 %. No es tan difícil como suena, solo hazte unas cuantas preguntas clave:

- ¿Cuáles son las tareas que puedes hacer mejor en la oficina?
- ¿Quiénes son las personas de las que más dependes en el trabajo?
- ¿Qué te facilita el trabajo?
- ¿Cuáles son los aportes que más necesitas antes de empezar o mientras realizas un trabajo?

Las respuestas a estas preguntas te indicarán cuál es el 20 % de esfuerzo que necesitas para conseguir un rendimiento de 80 %. Esto también se aplica a un nivel personal.

## Capítulo 5: El papel de la salud en la gestión del tiempo

La salud es el factor más importante en el bienestar de una persona, no puedes trabajar bien a menos que estés relativamente saludable física y mentalmente. Es extremadamente importante que crees y mantengas un estilo de vida saludable si quieres perfeccionar el arte de la gestión del tiempo.

### *Come bien*

Comer bienes la base de la buenasalud. Observa tus hábitos alimenticios y toma medidas para mejorar donde sea posible,no es necesario que tomes medidas drásticas; en lugar de eso, trata de añadir más valor a lo que pones en tu plato.

- Aumenta la cantidad de vegetales coloridos (verdes, naranjos, rojos, morados, etc.) en tu plato.
- Come vegetales crudos y frutas frescas lo más seguido que puedas. Cuando comas frutas, préstale atención a la

cantidad de azúcar si eres diabético o tienes antecedentes familiares de diabetes.
- Reduce el consumo de comidas procesadas y preservadas.
- Elige carne de animales alimentados con pasto y peces pescados en estado silvestre, come vegetales orgánicos cuando puedas.
- Consume 4 o 5 comidas pequeñas en vez de 3 comidas grandes.
- Toma desayuno siempre, es la comida más importante del día.
- Modera el consumo de café y bebidas alcohólicas.
- Deja de fumar.
- Lleva contigo nueces, zanahorias o apio como bocadillos rápidos, en vez de comida chatarra.
- Prepara tu almuerzo, será una comida más sana (y más conveniente para tu bolsillo).
- Bebe mucha agua, estar deshidratado te quita la energía.

## *Hazejercicio*

Hoy en día, es de suma importancia hacer ejercicio, ya que las máquinas y computadoras realizan la mayoría de las tareas intensivas que requieren esfuerzo físico. Tu cuerpo necesita ejercicio, no solo para quemar calorías y controlar el peso, sino que también para asegurar que los músculos de tu cuerpo estén en forma y los sistemas de tu cuerpo funcionen correctamente.

No te preocupes, no es necesario que te inscribas a un gimnasio ni hagas ejercicios pesados. Los ejercicios simples también ayudan. Estos son algunos de los pasos que te mantendrán en forma:

- Haz una rutina de elongación de 10 minutos apenas despiertes.
- Camina entre 30 y 90 minutos al día. No es necesario que camines rápido, camina a la velocidad a la que sueles hacerlo, pero hazlo a diario. Para obtener mejores resultados, cambia de camino y velocidad cada semana.
- Estaciona tu vehículo un poco más lejos de tu trabajo para aprovechar de

caminar.
- Siempre usalas escaleras si solo debes subir uno o dos pisos.
- Camina mientras hablas por teléfono.
- Invierte en un reloj que monitoree tu salud (puedes encontrar algunos a $20 dólares): te avisará cuándo debes levantarte de tu escritorio y caminar un poco.
- Haz ejercicios rápidos durante los comerciales (elige tu rutina de antemano).

### *Duerme*

Otro factor muy importante para tu salud es el sueño. Algunas personas creen que está bien interferir con el tiempo designado para dormir; esto es un error: robar tus horas de sueño hará que tu cerebro se canse y esto puede causar muchos problemas serios, como deterioro de la memoria, inhabilidad para concentrarse, disminución de la habilidad de resolver problemas, indecisión, entre otros.

Necesitas dormir al menos 5 o 6 horas cada noche. Si debes ocupar tus horas de sueño, asegúrate de recuperarlas dentro de 7 días durmiendo un poco más. Presta atención a lo que debes hacer:

- No puedes recuperar una noche de sueño durante el día. El cerebro se repara y se regenera mientras duermes en la noche, no en el día. Esto explica por qué las personas que trabajan de noche se sienten cansadas y miserables a pesar de dormir casi todo el día para compensar.
- Debes consumir tu última comida al menos 3 o 4 horas antes de irte a dormir. Las comidas pesadas y sin digerir interfieren con la calidad de tu sueño.
- Asegúrate de que no haya distracciones mientras duermes (como ruido, luz, temperatura muy cálida o fría). Si es posible, mantén la televisión fuera de tu habitación.
- Usa una alarma para despertar, así no estarás preocupado por despertar a la hora (lo que no te permitiría dormir en

paz).
- Asegúrate de que los dormitoriosesténventiladosparaquepuedasrespiraraire fresco al dormir.
- Acuéstate al menos dos o tres horas antes de la medianoche, esta parte del sueño es la más importante para el funcionamiento cerebral.
- Despierta a la misma hora todos los días, incluso los feriados.
- Crea el hábito de tomar una siesta en el día para un aumento de energía y funcionamiento cerebral.

### *Toma suplementos*

El cuerpo humano necesita una cierta cantidad de vitaminas y minerales para funcionar de manera óptima. Tal vez no sea posible obtener todo lo que necesitas de tu comida. Además, con la edad, el cuerpo empieza a necesitar varios suplementos, por ejemplo, las mujeres mayores de 30 deben tomar suplementos de calcio para prevenir la osteoporosis.
Edúcate acerca de las necesidades de tu

cuerpo y consulta con un profesional qué suplementos te beneficiarían más.

### *Diviértete*

No puedes dar lo mejor de ti en el trabajo a menos que también tengas tiempo para divertirte. Tienes que equilibrar las horas de trabajo con las de placer, hazte tiempo para pasatiempos y actividades de recreación que te causen placer y te hagan reír.

La risa es la mejor medicina:la risa abundante elimina los dañinos efectos del estrés de tu mente y cuerpo. Es necesario socializar con amigos y sentirse amado y apreciado, es extremadamente importante que te diviertas con alguien que te ame. Esta es la razón por la cual la terapia con mascotas es tan efectiva con los pacientes terminales y las personas que viven solas.

### **Relájate**

Relajación y diversión son términos que se usan de manera intercambiable, pero no son lo mismo. Aunque divertirse sea relajante, la relajación es el momento para descansar o no hacer nada. Puedes usar tu fin de semana para relajarte y divertirte, ya que esto recargará tus baterías y renovará tu entusiasmo por el trabajo.

## Capítulo 6: Tu plan de acción

Ahora eres capaz de crear un pan de acción práctico que te ayudará a mejorar el uso de tu tiempo y asegurar un rendimiento máximo. El plan de acción que se entrega más abajo es la plantilla que puede guiarte a aprovechar tu tiempo al máximo mientras alineas tus actividades diarias con tus metas de vida al mismo tiempo.

**Identifica tus metas de vida**

El primer paso es identificar tu meta de vida. Si no tienes una meta clara, no podrás determinar la dirección de tu vida, sería imposible planear tu crecimiento personal y profesional sin este trozo clave de información.

**Divide la meta en trozos más pequeños y prácticos**

Una vez que hayas identificado la meta de tu vida, divídela en trozos de 5 años, un año, 6 meses, etc. Alinea tu meta principal con tu vida en el presente, crea un plan de acción que te ponga en el camino para cumplir tu meta.

**Analiza cómo usas tu tiempo**

Haz listas de tareas diarias para saber cómo estás usando tu tiempo. Ten una agenda mensual y anual abierta donde puedas verla todos los días para que no te desvíes del camino.

*Establece prioridades*

Establece prioridades cuando dividas tu meta principal en submetas, priorizar tendrá que convertirse en segunda naturaleza para ti. Aplícala con diligencia a tu lista de tareas diarias y a tus planes mensuales y anuales. Haz una lista de prioridades y consúltala a menudo para asegurar que vas por el camino correcto.

*Organízate*

Designa tiempo para planear, ya que esto es lo único que mantendrá tus actividades organizadas y enfocadas. Antes de irte a dormir, crea una lista de tareas para el día siguiente, así sabrás exactamente qué tienes que hacer cuando despiertes al otro día. Ten uno o dos sistemas de respaldo para que tus planes no se paralicen por ninguna razón.

### *Establece un horario viable para las actividades*

Asigna tiempo de manera realista para cada tarea en tu lista y ponte en marcha. Para mejorar tu rendimiento, trata de completar la tarea más desagradable primero. Además de eso, asegúrate de completar tu trabajo de acuerdo a la prioridad que le asignaste.

### *Deja de practicar multitareas*

Aborda cada tarea como si fuese la única que tienes que completar y dale tu 100 %. Usa herramientas para planear cuando sea necesario, como agendas, esquemas, aplicaciones de iPhone o Android en tu *smartphone*, hojas de Excel, documentos de Google, etc.

### *Delega*

Delega todas las tareas que puedas para mantenerte enfocado en las tareas que solo tú puedes hacer bien. Es mejor delegar o externalizar las tareas rutinarias y mundanas y las tareas que requieren habilidades especiales.

### *Deja de postergar*

Hazlo ahora: trabaja según tu lista de tareas y sé constante hasta terminar todas las tareas que te propusiste. Designa un plazo realista y trabaja con un ritmo determinado. Es importante que tu plazo sea realista: si es muy poco tiempo, terminarás frustrado; si es mucho tiempo, no te motivará. Ten en cuenta que es posible que no todo funcione de acuerdo al plan, ten planes de respaldo para las tareas importantes. Además, prepárate para las interrupciones, descansos y el descarrilamiento de ciertos aspectos de tu día.

### *Identifica y elimina las actividades que te hacen perder el tiempo*

Identifica las actividades que te hacen perder el tiempo y trata de reducirlas o eliminarlas por completo. Es muy importante que identifiques todas las tareas o patrones que te hacen perder el tiempo para poder usar ese tiempo mejor. No seas esclavo del tiempo, trata de aprovechar el poder del tiempo para tu propósito.

## *Préstale atención a tu salud*

Controla tu salud de manera periódica y regular, haz un esfuerzo serio por vivir una vida saludable. Come bien, descansa bien y destina tiempo para descansar y recuperar tu energía. Encuentra el tiempo para hacer cosas que te den placer y relajen tu mente y cuerpo.

## *Haz revisiones periódicas y reorienta*

Revisa periódicamente tus logros, tus direcciones y tus planes; reorienta cuando sea necesario. Mantente abierto al cambio y flexible a circunstancias imprevistas, es imposible predecir todo lo que va a suceder en el futuro, así que, sin importar lo mucho que planees, siempre habrá un elemento sorpresa. A veces, la sorpresa puede ser buena, otras veces, no tanto.
Prepárate para cambiar de dirección, mantén tu mente abierta hacia el futuro y

adáptate al cambio. Recuerda que el cambio es lo único constante.

## Conclusión

La gestión del tiempo no es más que un plan para provechar tu día y tu vida. Contrario a lo que suele creerse, no es difícil incorporarlo en tu vida, especialmente si tienes una meta de vida definida. El momento en el que pongas tus ojos sobre tu meta, la motivación para ordenar tu vida te llegará de manera automática.

El truco para que la gestión del tiempo funcione para ti es identificar y determinar el ritmo correcto para ti, tus días deben ser lo suficientemente desafiantes para que cada tarea sea interesante y práctica, así seguirás avanzando. Si tienes muy pocas cosas que hacer en un día, perderás el interés en tu trabajo; si tienes muchas cosas que hacer, te frustrarás y querrás rendirte.

Aspira a obtener solo un poco más de tu día y con un poco de planeación y trabajo duro, podrías ahorrar entre 2 y 3 horas diarias. Piensa en lo que podrías hacer con 2 o 3 horas más. Tan pronto como te deshagas de la basura y de las cosas que te hacen perder el tiempo de tus actividades diarias, descubrirás que tienes el tiempo suficiente para tu trabajo, familia y recreación personal.

Recuerda que es tu vida y tienes la capacidad de estar tan ocupado o tan libre como quieras. La gestión del tiempo es la herramienta ideal para entregarte a ti mismo el control de tu vida. Es posible, ¡hazlo!

Finalmente, si has disfrutado este libro o has encontrado algo de valor en él, me gustaría pedirte un favor: ¿serías tan amable de compartir tus pensamientos y escribir una reseña para este libro en Amazon?

Mi objetivo es llegar a mis lectores entregándoles el contenido de mayor calidad posible. Tu reseña positiva me ayudará a lograrlo. ¡Lo apreciaría mucho!

**Puedes escribir una reseña para este libro haciendo clic en el siguiente enlace:**

# Parte 2

## Introducción

La Administración del Tiempo no trata solo de administrar su tiempo. Trata de obtener lo que desea en su vida.

La delgada línea entre el trabajo y la vida diaria es una que muchas personas constantemente luchan por mantener. La administración del tiempo es extremadamente importante a fin de hacer que las cosas se hagan, darle a usted sentido de control y la vida que desea.

Lo sé porque he estado ahí. He estado en ese lugar en el que los años pasan y yo me he mantenido improductivo y distraído. Estaba trabajando, llenaba las horas pero, de alguna manera, nunca parecía ser suficiente. El tiempo siempre se me escapaba de entre los dedos como una nube de humo, sin nada que mostrar a cambio de mis horas de esfuerzo.

Sé de los sentimientos de insatisfacción que vienen con el trabajar y no lograr acercarse a la conquista de sus sueños. La vida se convierte en una montaña rusa de monotonía.

Me cansé de sentirme menos, y entonces busqué hacer algo para resolverlo al examinar críticamente mi tiempo, y los factores subyacentes que afectaban la forma en que lo usaba.

Y ahora, quiero compartir lo que he aprendido con usted.

¿Recuerda cómo crecimos con esas agradables historias? Tan agradables que simplemente las interiorizábamos y absorbíamos como si fueran en Santo Grial, la verdad última, sin preguntas o explicaciones. Bueno, pasa lo mismo con la mayoría de la información que ha leído sobre administración del tiempo.

Pero no se entristezca. Este libro ha sido escrito pensando específicamente en usted. Su propósito es ayudarle a maximizar las 24 horas de cada día porque, reconozcámoslo, la cantidad de veces que nos pasamos ansiosamente los dedos por el cabello al final de la jornada deseando que el número de horas de sol a sol se conviertan en 36 no lo lograrán.

El día, cada día, está rebosante de oportunidades al desnudo que solo están esperando por unas manos que las cosechen. Desafortunadamente, con demasiada frecuencia, estas oportunidades yacen inexploradas hasta la próxima vez, y entonces el ciclo continúa sin fin.

¿Por qué? Esto es simplemente porque el espíritu de la administración efectiva del tiempo no ha sido aprovechado ni preparado para ofrecer todo su potencial, de forma que muestre resultados tangibles.

Pero todo eso va a cambiar.

Solo necesito que haga algo. Puede ser difícil, lo sé: la eliminación consciente de creencias que se han tomado por verdades y la ecuanimidad para estar dispuesto a ver a través de otro par de lentes una realidad que es constante y parte diaria de nuestras vidas. Pero si hay algo que tiene una naturaleza constante en este mundo siempre cambiante en el que vivimos, es el cambio. ¿Y cuál es el propósito del cambio, sino abrir nuestros ojos interiores y nuestros corazones?

Entonces, quédese a mi lado. Valdrá la pena, ya verá.

## Capítulo 1
## Mito: Puede hacerlo todo usted solo

En algún momento de nuestras vidas nos hemos encontrado con el dicho, "dos cabezas piensan mejor que una". Aunque es una aseveración sencilla, es una con implicaciones muy profundas.

No puede enfatizarse lo suficiente la importancia de construir un equipo. Nuestras distintas experiencias forjan a las personas que somos. Nuestra base de conocimientos, habilidades y experiencia van a ser diferentes, de forma que una tarea que a un individuo le toma una hora completar, puede tomarle a otro unos veinte minutos.

Lo que me lleva a nuestro tema: nos estamos causando un daño infinito cada vez que intentamos hacer las cosas por nosotros mismos. Claro, eso significaría que todo el crédito por el trabajo hecho no va a ser compartido; pero también significa que se va a hacer menos en la misma cantidad de tiempo. Cuando el trabajo se comparte, se hace más rápido y generalmente, mejor.

El mundo está en constante cambio y los métodos de operación pasan por la fragua y se hacen mejores. La tecnología ha crecido a pasos agigantados y, con ella, formas más efectivas de administrar el tiempo.

La habilidad de automatizar procesos ha dado paso a un cambio significativo de paradigma. Tareas como enviar correos electrónicos recurrentes, pagar las cuentas y respaldar los datos, por mencionar unas cuantas, pueden automatizarse.

Para algunas personas, una gran parte del día se pasa ante una computadora; leyendo correos, marcando los relevantes como importantes, separando los correos en sus carpetas asignadas, borrar correos, contestar a un correo, y la lista sigue. Parece algo que puede hacerse *rápidamente*, pero antes de que se dé cuenta ya es mediodía y usted se pregunta, de repente, a dónde se fue la jornada.

Una solución sencilla es emplear las herramientas disponibles para llevar a cabo esos procesos, por tanto, anulando la necesidad del involucramiento humano directo.

La mentalidad que le dice a una persona que puede hacerlo todo es una primordial para retrasar el crecimiento. En los negocios e incluso en la vida, es importante el hacer uso de sus fortalezas y consolidarlas de forma que sean beneficiosas e induzcan al desarrollo. Subcontratar para que se realicen algunas tareas es una gran forma de administrar el tiempo. Como el propietario de un negocio, subcontratar las tareas administrativas le dará más tiempo para que se enfoque en hacer crecer su negocio y generar ganancias.

Y ni siquiera necesita mucho dinero para hacerlo. El internet se ha convertido en una parte intrínseca de nuestras vidas, de forma que usted puede estar en el Reino Unido y trabajar constantemente con alguien en Asia, por ejemplo. Es más, la responsabilidad adicional de los impuestos sobre la nómina, buscar un gran espacio para oficinas, seguro de salud y otros seguros para empleados se pueden sacar efectivamente de la ecuación todavía con beneficios para quien los desee.

El mero tejido de nuestra existencia como humanos dicta que nos necesitamos unos a otros para crecer y alcanzar nuestro verdadero potencial. Las posibilidades abundan, especialmente en el mundo de hoy. De forma que se convierte en una responsabilidad individual el ser perceptivo y tomar posiciones para obtener beneficio de ello.

"El trabajo en equipo es la habilidad de trabajar juntos hacia una visión en común, la habilidad de dirigir los logros individuales hacia los objetivos organizacionales. Es el combustible que permite a la gente común obtener resultados extraordinarios" – Andrew

Carnegie.

Él debe saber de lo que hablaba: fue un empresario que fue fácilmente uno de los más acaudalados y famosos en su época.

## Capítulo 2
## Mito: Para hacer más debe levantarse temprano

Otro mito de la administración del tiempo que ha permanecido por largos años es el que perpetúa la idea de que, de alguna manera, mientras pueda lograr levantarse temprano, su habilidad para realizar sus tareas será de primera y su talento para administrar el tiempo estará en el mismo lugar.

El simple hecho de que se levante tan temprano como las cinco de la mañana no se traduce a que signifique que será automáticamente más productivo que la persona que suele levantarse a las ocho. Porque aunque pueda estar despierto horas antes, ¿cuál exactamente es su aporte en esas horas?

Un estudio publicado en el 2011 en la revista *Thinking and Reasoning* destaca que "la clave para ser productivo y creativo es trabajar las horas que sean mejores para usted".

Algunas personas encuentran que el mejor momento para realizar tareas que consumen especialmente energía es en las mañanas, mientras que para otras puede ser en las tardes o las noches. Ese es el asunto: no está tallada en piedra la hora que pueda traducirse en un alza en la productividad.

Imagine a un escritor que se sienta, sus dedos listos sobre el teclado para redactar unahistoria a las cinco de la mañana, pero en cambio sueña despierto hasta las ocho, y otro que duerme hasta las nueve y se despierta revitalizado y con energía ilimitada para realizar la tarea del día. Al final, ambos podrán o estar parejos en el nivel de productividad, o incluso el último lo hará mejor, porque le dio al cuerpo tiempo suficiente para refrescarse.

El secreto de mejorar la productividad no es despertar temprano, sino más bien conocerse a sí mismo, comprender sus periodos más productivos y construir su programa del día de forma que maximice esos periodos.

De verdad no puede enfatizarse lo suficiente la importancia de un buen sueño para tener un día completo. Un estudio que se reportó en la revista *Sleep* indicó que dormir menos de cinco horas cada noche es una de las razones por las que los empleados faltan al trabajo por cuestión de enfermedad. La privación del sueño obstaculiza una buena salud con el correr del tiempo y reduce el nivel de productividad.

Un estudio en el 2011 también encontró que el sueño fortalece la "capacidad de memoria laboral", asociado con la resolución de problemas, vocabulario, toma de decisiones; todas las cuales son habilidades sociales necesarias para hacer el trabajo en tiempo récord.

Puede ser difícil desligar su mente del trabajo y de todas las cosas que deben hacerse, pero por el bien del mismo trabajo, tiene que lograrse. Vigile lo que introduce a su sistema, como comidas y bebidas, sea físicamente activo y no menos importante, aprenda a manejar el estrés. Absorba la simple verdad de que angustiarse sobre algo no hará que milagrosamente aparezca una solución.

Suéltelo, respire, descanse, relájese y duerma. Permítase ser, y observe cómo su nivel de productividad le sorprenderá incluso a usted.

50 Cent dijo una vez: "El sueño es para la gente que está en quiebra". Es pegadizo, ¿no? Hasta que se da cuenta de que tiene que estar vivo para hacer dinero y no estar en quiebra. Para estar vivo, tiene que cuidar de su salud, y una de las formas de hacerlo es respetar el derecho y necesidad de su cuerpo de dormir.

Es un ciclo en el cual un factor impacta a veces irreversiblemente al otro. Y me atrevo a decir que es bastante obvio.

## Capítulo 3
## Mito: Hacer multitareas es una idea terrible

Lo ha escuchado muchas veces. Lo ha leído muchas veces. El mal que es la multitarea y cómo tira su tiempo por el drenaje hasta que no queda nada tangible de él.

Pero, ¿es esto necesariamente la verdad?

No lo es. Porque, enfrentémoslo, la multitarea es una forma de vida para una buena cantidad de personas y principalmente la única forma de infundir un sentido de orden y de logros en cada día de trabajo.

Aunque es cierto que la multitarea puede llevar a una productividad en general reducida, también es cierto que la multitarea efectiva puede llevar a más trabajo completado en un periodo específico. La palabra clave aquí es efectividad, la cual es un derivado de la disciplina.

Mientras se realizan multitareas, es importante asignar un tiempo límite para cada una de ellas y seguir esa programación estrictamente. El truco es adjudicar tiempo suficiente para que la tarea no se complete pobremente mientras que se asegura que todavía haya suficiente tiempo para llevar a cabo otras que necesiten hacerse.

La multitarea conlleva una energía mental definida y la habilidad de ser capaz de cambiar el ritmo, quitarse la piel vieja y sumergirse en la nueva. ¿Qué estoy diciendo? Cuando complete una tarea, de verdad termine con ella y muévase a la siguiente. Pensar en una tarea que ya está concluida mientras trabaja en otra invariablemente malgastará su tiempo y le asegurará que no logre hacer nada.

También funciona programar tareas similares una detrás de la otra. De esa forma, incluso si su mente persiste en deambular ocasionalmente por una tarea ya concluida, no requerirá tanta energía mental y grandes montos de tiempo.

John Kounios, un profesor de psicología en la Universidad Drexel dice: "El acto de desplazarse mentalmente de un punto a otro puede engrasar las ruedas del pensamiento". Sorprendente, ¿no? que la multitarea, el cambiar de una tarea a otra pueda ayudarnos a olvidar las malas ideas. A veces, usted se encuentra atrapado en una tarea particular y pensando en ella una y otra vez. No es libre de continuar porque no ha encontrado la respuesta o aproximación adecuado.

El hacerse cargo de otra tarea puede ser un salvavidas porque permite a su cerebro la libertad de soltar su obsesión y enfocarse en algo distinto. En ese momento, es más fácil para ese ciclo seguir corriendo en el fondo de su cabeza hasta que encuentre la elusiva respuesta.

El autor y psicólogo investigador, Keith Sawyer, dice que las ideas creativas llegan a las personas que trabajan con distintas unidades organizacionales o a través de varios proyectos. Esto es porque incluso aunque usted esté ocupado, su mente es libre de hacer conexiones no anticipadas entre actividades que aparentemente no tienen relación entre sí.

Entonces, realice multitarea, pero mientras

esté en ello, encuéntrese alerta, conozca sus límites, relájese en cuanto a lo que hace y lo que intenta hacer.

Alcanzará a hacer más, pero lo que es más importante, lo hará en formas que le provean de una perspectiva fresca.

## Capítulo 4
## Mito: Trabajar más horas es la forma de hacer más

¿Se ha encontrado en una situación en la cual tiene mucho que hacer y, por tanto, asigna una buena cantidad de tiempo para completar esas tareas? Ahora, incluso después de que se han invertido largas horas en llevar a cabo dichas tareas, se encuentra con que realmente hizo muy poco. Termina sintiéndose perplejo, porque ha pasado casi todo el día en ello, y muy apenas tiene algo que lo demuestra. De forma que aunque ha trabajado muchas horas, su nivel de productividad permanece estático o incluso pasa a estar debajo de la línea.

Cuando nos enfermamos, reconocemos la enfermedad como la manera en que nuestro cuerpo nos dice que bajemos la velocidad y descansemos un poco, pero obstinadamente ignoramos las señales de fatiga en nuestra salud mental.

Un estudio dirigido por Alejandro Liras, profesor de psicología en la Universidad de Illinois en el 2011, especificó que las personas que pueden deslindarse del trabajo incluso por unos pocos minutos trabajan mejor que aquellas que se mantienen continuamente en él. Esto es porque no importa cuán importante es una tarea, cuando te mantienes ocupado con ella sin descanso, el cerebro automáticamente se desconecta y es incapaz de proveer el combustible necesario.

No importa cuánto le apasione una tarea o una idea, invariablemente llegará al estado en que su cuerpo y mente simplemente no puedan seguir en ella. En este punto, una acción inteligente sería tomarse un descanso. Esto abre la puerta de forma que usted vuelve a la tarea con energía renovada e incluso mejores ideas en cuanto a cómo lograr hacer las cosas.

Cuando está cansado, no se puede negar que la calidad del trabajo que se hace en este periodo y después estará por debajo del estándar o, cuando mucho, será un trabajo ordinario. Tomarse un descanso elimina las telarañas de su cabeza y le da la oportunidad a su genio interior de brillar, incrementando su productividad y la calidad del trabajo hecho.

Hay beneficios científicos documentados acerca del caminar: actúa como un liberador de estrés y reduce el agotamiento. Así que dé un paso lejos de la pantalla y de todas esas lucecitas que demandan su atención. Incluso una caminata de diez minutos puede hacerlo sentir lleno de vigor y en una mejor posición para hacer más.

Hable con la gente. En el mundo de hoy inmerso en Facebook, Twitter, Instagram y otros canales de medios sociales, se ha vuelto más fácil sostener relaciones virtuales. Pero se puede hacer espacio para las físicas. Mientras se toma un descanso, diríjase a sus colegas por unos pocos minutos de relajante conversación. No tiene que hablar de nada serio; el simple acto de conectarse con otro ser humano es mágico en su propia naturaleza.

Cuando trabaje por largo tiempo, digamos,

dos horas, desconéctese y tome una siesta corta. Incluso una siesta de 30 minutos puede actuar como un energizante efectivo. Descanse su cabeza y solo respire. Permítase perderse en ese océano de la inconsciencia en donde su mente se vacía de todas sus cargas. Cuando las vuelva a recoger, se hará más fácil realizarlas.

Mire una comedia, escuche una canción que sea especial para usted, invierta en una pausa de té; hay opciones. Solo tiene que escoger unas pocas que funcionen para usted.

La técnica Pomodoro es un método muy efectivo para programar tiempo fuera. Es un método de administración del tiempo desarrollado por Francesco Cirillo, el cual usa un temporizador para que las tareas queden desglosadas en intervalos, usualmente de 25 minutos de duración y separados por descansos cortos. En los 25 minutos asignados al cumplimiento de una tarea particular, hay un alto nivel de enfoque que le permitirá dar lo mejor de sí mismo a la ejecución de dicha tarea. Incluso si los distractores asoman sus cabezas para colarse como suelen hacerlo, son empujados a un lugar en la base de la mente y mentalmente se archivan para su atención posterior.

A largo plazo, esto es mucho mejor que largas horas y resultados apenas razonables. Recuerde que no hay un estudio que dé respuesta a todos los casos y emplee el método que funcione mejor con usted. Algunas personas pueden pasar dos horas en una tarea con la máxima atención, mientras que otras se ponen nerviosas al pasar 30 minutos en la misma postura.

No hay correcto o incorrecto, solo distintas maneras de reaccionar ante una situación. La comprensión de sus peculiaridades es la clave para una mayor productividad.

## Capítulo 5
## Mito: Decir "Sí" en cada oportunidad

Por favor, no lo haga. Ocasionalmente, ejercite los músculos de su boca, dispóngalos para un propósito en común y dé vida a la palabra: No. Le puedo asegurar que los pilares que sostienen el mundo no colapsarán de repente si lo hace.

Usted desea ser apreciado. Desea que la gente le ame y hable con entusiasmo sobre la gran persona que es. Pero pregúntese qué hay de grande en una persona que vive toda la vida para otros: sus opiniones, sus deseos, sus veleidades y caprichos, todo.

Es incluso más triste, porque al intentar estar disponible incluso cuando sabe que es poco conveniente para usted, terminará haciendo exactamente aquello para lo que se estaba protegiendo: lastimar su crecimiento e impactar negativamente en sus relaciones, personales y de negocios.

Claro, usted debe intentar ayudar a la gente, pero nunca en detrimento de lo que sabe son sus límites. Si alguien le pide que lleve a cabo una tarea para ellos y usted sabe que simplemente no tiene el tiempo extra para hacerlo, diga no con educación, pero con firmeza. Ellos comprenderán, e incluso si no lo hacen, usted habrá hecho lo correcto por usted y por ellos. Decir tal vez, o dar un sí tentativo estaría alzando la expectativa incluso cuando sabe que con toda seguridad será incapaz de lograrlo.

Si eso sucede, ellos estarán decepcionados, y usted será miserable.

La mente humana es una entidad sorprendente. Si se compromete a realizar una tarea para la que sabe muy bien que no cuenta con el lujo del tiempo para hacerla, desde un principio se estará programando para fallar. Esto es porque se convierte en un hueso que está atorado a mitad de su garganta. Usted se atormenta por las cosas que necesita ajustar para que pueda crear tiempo para ello, aun cuando sabe muy bien que no lo hay. O intentará forjar formas creativas por las cuales pueda sacudirse el compromiso inconveniente. Estos preocuparse y reorganizarse llevan tiempo, tiempo que habría sido mejor usado en ser realmente productivo y hacer las cosas.

Su cerebro quema energía y su intelecto se agota. ¿Y todo para qué?

Cuando es una persona que siempre dice que sí, lentamente comenzará a perder la esencia de sí mismo y olvidará las cosas que son realmente suyas: sus opiniones, su identidad y su capacidad.

Sea educado, sea humano y dé razones si puede acerca de por qué es una mala idea que usted tome responsabilidades adicionales en ese preciso momento.

"Cuando tomo más de lo que puedo manejar, limito las oportunidades de otra persona en mi comunidad." – Jeff Shinabarger.

Es mucho más productivo prometer de menos y después cumplir por encima de las expectativas. Haría la vida de otra persona más fácil y le haría sentir bien a usted sobre sí mismo.

Por sobre todas las cosas, recuerde vivir para usted. La verdad es que la gente siempre necesitará algo, y otra verdad es ese recurso limitado que es usted, y será imposible que ambas cosas coincidan todo el tiempo. Haga lo que pueda, en una forma que no le impacte negativamente.

Hágalo porque es lo que quiera hacer, y no porque es lo que se espera de usted. Tal vez será despreciado, juzgado o rechazado, pero en medio de todo ello, usted tendrá el conocimiento de que, sobre todo, habrá sido fiel a sí mismo.

## Capítulo 6
## Mito: La gente productiva trabaja con una lista

Una encuesta realizada en el 2010 a 1,700 trabajadores calificados en E.E.U.U., China, Sudáfrica, Reino Unido y Australia reveló que, en promedio, los empleados pasan más tiempo recibiendo y administrando información que el que pasan de hecho realizando su trabajo.

Apuesto a que la mayoría de ellos tenía listas. Reviso los mensajes y los contesto. Ir al informe antes de la junta de las 9 en punto y así. Esto está bien, hasta que asoma el problema por el que parece que se cavó un hoyo en el primer elemento de la lista y se convierte en casi imposible el desanclarse de él.

¿Suena familiar?

El trabajo puede ponerse muy intenso con juntas que parecen no tener fin a la vista, interrupciones sin fin y sorpresas que aparecen todo el tiempo, de forma que al llegar al final del día, resulta difícil señalar cualquier progreso real hecho durante la jornada.

Por eso es importante programar adecuadamente el tiempo y planear su día de forma que alcanzar sus metas con el tiempo disponible resulte algo realizable.

Es conveniente que no intente hacer de más. Comprenda sus restricciones, sea realista con su horario. ¿Es posible completar esto en el tiempo especificado?

Es contraproducente tomar más de lo que pueda manejar y ningún monto de programación le ayudará con el lío que haya creado. Asigne el tiempo adecuado a la cantidad de tareas que se sienta confiado en completar cualquier día.

El tiempo parece ser un recurso infinito, hasta que la realidad nos da un revés en la cara y nos damos cuenta de que no lo es. El tiempo perdido no puede recuperarse, así que es importante que lo emplee productiva y eficientemente.

Cuando crea un horario, pinta una imagen holística de las cosas que necesitan hacerse, sus metas propuestas y le ayuda a darles seguimiento.

Un horario puede ser creado de varias formas. Puede usar la ruta ya probada de emplear pluma y papel para organizar su tiempo. En nuestro mundo empapado de tecnología, el software como Google Calendar®, Business Calendar y otros pueden proveer ayuda inmensurable al crear un horario que funcione para usted.

Identifique el tiempo que tiene y el porcentaje de él que puede dedicarle al trabajo, pormenorizar tareas que necesitan ser hechas tomando en consideración las de alta prioridad que considere importantes. Las tareas que entren en esta categoría deben registrarse en los momentos del día en donde su nivel de productividad esté en lo más alto.

Al elaborar un horario, es importante saber que el día muy probablemente no se comportará de acuerdo con su plan exacto para él. Evite que un elemento desconocido dé vuelta por completo a su día: se debe preestablecer un tiempo extra para circunstancias imprevistas que puedan aparecer. El no hacerlo no significa que las sorpresas no seguirán apareciendo de vez en cuando, sino que estará menos preparado para manejarlas.

"Un buen plan es como una mapa de carreteras; muestra el destino final y usualmente el mejor camino para llegar ahí." – H. Stanley Judd.

Eso lo dice todo.

## Capítulo 7
## Mito: Los e-mail son la forma más efectiva de comunicación

Con los años, la cultura de enviar y recibir correo electrónico se ha convertido en la forma número uno de comunicación en el lugar de trabajo. Sin duda, es una gran herramienta para mantener un registro electrónico de los mensajes que entran y salen.

Pero decir que es el más efectivo es, para decirlo en forma sencilla, estirar la verdad. Los emails se han convertido en vampiros del tiempo, consumiendo una gran porción de la jornada de trabajo.

Algunas personas han cultivado el hábito de contestar a los correos electrónicos en tiempo real. No importa si reciben veinte correos en una hora; ellos van a contestarlos todos inmediatamente tal y como les llegan. Por favor, díganme: ¿cuánto tiempo les queda para hacer el verdadero trabajo del día? Muy poco tiempo, porque recibir y enviar email consume la energía mental que puede ser mejor canalizada para otras tareas, dejándole cansado incluso si no ha hecho gran cosa.

Hay formas de manejar el correo electrónico. Evite la necesidad de responder a los correos tan pronto como llegan. En cambio, cree bloques de tiempo en su jornada dedicados a todo lo que tenga que ver con correos. Podría ser dos veces al día: en las mañanas cuando llega a trabajar, y en las tardes, justo antes de que dé por terminado el día. De esa forma, atenderá su correo mientras se asegura de que otros aspectos de su trabajo no sufren.

Las estadísticas disponibles muestran que más de 2.6 billones de personas en el mundo usaron el correo electrónico en el 2016, con un promedio de más de cien correos enviados solamente en el trabajo. Por cada correo enviado, recibido y que se contesta, hay un tiempo equivalente que debería ser canalizado más productivamente que está siendo enviado por el desagüe, tiempo que no volverá y que mata efectivamente la productividad.

Es bueno; el deseo de querer su dedo en el pulso de los acontecimientos, pero es también peligroso que su bandeja de entrada se convierta en un mercado de diferentes hilos de conversaciones y de notificaciones que requieren que pase más tiempo atendiéndolas fatigosamente.

Enviar un correo electrónico con una gramática apropiada y aceptable es tan importante como enviar uno que sea conciso y vaya directo al asunto que quiere tratar. Divagar cuando envía un correo gasta no solo el tiempo del destinatario, sino también el suyo, tiempo que podría haber sido mejor usado cumpliendo con tareas de mayor prioridad.

Personalmente, uso Slack. Encuentro que es una herramienta muy valiosa para comunicarme con mi equipo y miembros, en mejorar la comunicación y las colaboraciones con rapidez. De hecho, algunas veces es descrita como un asesino de email. Slack afirma que sus usuarios reportan recibir un 48.6% de correos internos después de que comenzaron a usar la herramienta.

Eso es maravilloso, ¿verdad? Entre menos tiempo pase en revisar y responder al correo electrónico, dispondrá de más tiempo para enfocarse en la productividad.

## Capítulo 8
## Mito: Estar ocupado es lo mismo que ser productivo

Los términos "ocupado" y "productivo" significan cosas diferentes y no dependen uno del otro. Por tanto, es razonable pensar que tener mucho que hacer y estar ocupado no significa que está siendo productivo.

Las ideas son importantes, pero no necesariamente gobiernan el mundo y tener una sobreabundancia de ellas puede verse como algo negativo en lugar de positivo. Esto es porque más allá de tener una buena idea, tiene que echarse mano del trabajo para transformarla en realidad.

Cuando parece que tiene mucho que hacer, tenga en mente que el objetivo es pasar el tiempo en cosas que son importantes para usted. Las tareas de importancia mínima deben o ser delegadas o manejadas rápidamente a fin de liberarle y que tenga más tiempo y energía para usar en lo que importa.

La productividad es hacer que las cosas correctas sean hechas, no se trata de hacer más.

Hay distintas tonadas que la música de nuestra vida ejecuta y muchas piezas que forman el todo que cada individuo llama vida. Están la familia, la salud, los negocios, el trabajo y otros elementos. Después de la salud, puede argumentarse que la cosa más importante es el tiempo. Este tiempo no se muestra como algo independiente, sino como un impacto mayor en la calidad de la salud y el tiempo individuales.

La vida puede ser abrumadora, o tal vez inadvertidamente la hacemos así. Demasiadas veces la gente está enterrada en sentimientos de incompetencia. Se sienten atrapados en la idea de que no están haciendo lo suficiente, no porque sea la verdad, sino porque se han impuesto objetivos imposibles para sí que no pueden realizarse.

Es simple: deje de intentar hacerlo todo. No puede, y lo que es más importante, no tiene que hacerlo.

Imagine que está en una dulcería y se le diera un contenedor vacío para que tome todos los dulces que desee. Lo más probable es que usted estaría alerta y específicamente se dirigiría a sus dulces favoritos mientras ignora por completo los que no le gustan.

El mismo principio se aplica: elija su tarea con cuidado y tenga en cuenta su índice de productividad total.

Recuerde: su productividad es suya, y su definición de ella puede ser distinta de la de otro. Y eso está bien. No está obligado a estar ocupado cuando otra persona está ocupada o parece que lo está.

La meta es la productividad mejorada, no malgastarse bajo la pretensión de estar ocupado sin alcanzar a hacer nada significativo.

## Capítulo 9
### Mito: Cada minuto que se usa en planeación ahorra diez en ejecución

Planear involucra una secuencia de acciones que llevarán a conseguir una meta específica. Si se hace efectivamente puede acortar la ejecución de llegar a la meta.

Brian Tracy citó: "Cada minuto que use en planeación le ahorrará diez en la ejecución". Sin embargo, planear involucra pensar, lo que puede llevarle a andar en círculos en su cabeza.

"Si pasa demasiado tiempo pensando en algo, nunca lo hará." – Bruce Lee.

Planear es bueno, y hay definitivamente que darle su lugar. Ayuda a prepararse mejor y a colocarle en una mejor posición para realizar tareas efectivamente. Pero por otro lado, sobre-planear podría ser precisamente el bloque que se encuentra entre usted y el cumplimiento de una tarea.

Es simple: sobre-planear puede llevarle a una escasez de acciones porque en lugar de ocuparse, se pone a sopesar tanto en los aspectos relevantes como irrelevantes de lo que implica ponerse en acción.

Por ejemplo, comenzar un negocio es un trabajo duro, especialmente si la meta es ocuparse en él de 9 a 5. El conocimiento de que su única fuente de ingresos serán las ganancias generadas de ese negocio le lleva a pensar muy seriamente. Claro, hay mucho por considerar antes de iniciar un negocio: la necesidad de ese producto, el mercado objeto, etcétera. Sin importar cuán confiable sea su preparación, el éxito del negocio se adjudica a cuán sólidamente se comporta en el mercado. Y para hacerlo, el negocio necesita nacer en primer lugar.

Piense, abra su mente a la voz del universo, pero esté alerta al punto en que se vuelva necesario trazar la línea. No se preocupe por las cosas insignificantes o busque el permiso expreso de otros acerca de lo que desee hacer con su vida.

Al final, el éxito es el resultado de las acciones. Los pensamientos solo pueden conducirle hasta ahí. Encierre sus temores en un compartimiento y pregúntese: ¿qué es lo que quiero hacer hoy? Luego, vaya directo a hacerlo. Tal vez fallará, pero incluso si es así, habrá lecciones inconmensurables que aprender de ello.

Planear puede ahorrar tiempo, pero hacer

ahorra mucho más.

Disfrute del milagro que es cada día y sienta el ardiente deseo de aprovecharlo al máximo. No importa de cuánto tiempo disponemos, nunca estaremos en el punto en el que lo tengamos todo, incluso los mínimos detalles resueltos. El truco es saber que eso está absolutamente bien.

Un paso aquí, un paso allá es progreso y le acerca mucho más a su objetivo. Muy seguido muchas personas se quedan atoradas en un lugar porque están resueltas a esperar el momento perfecto. Tales personas estarán ahí por mucho tiempo todavía, porque no existe el momento perfecto, sino el que nosotros creamos.

Nunca habría escrito este libro si no tuviera un plan que detallara el conteo de palabras y una ventana de tiempo específica. Pero tampoco habría escrito este libro si hubiera permitido que las cosas grandes y pequeñas me detuviesen.

Un plan es importante, porque inyecta un sentido de urgencia y seriedad, pero también es peligroso, porque puede convertirse en ese lugar estático donde los sueños van a dormir y nunca despiertan como realidades.

## Capítulo 10
### Mito: Trabaje con inteligencia, no más duro

¿Qué pasó con trabajar con inteligencia Y duramente?

El objetivo final es incrementar la productividad, y para hacerlo, la amalgama de trabajar con inteligencia y más duro es una herramienta más efectiva.

La premisa de trabajar con inteligencia como algo opuesto a trabajar más duro puede negarse, porque lo importante es el nivel de productividad, al cual le importa más qué se ha logrado más que grandes cantidades de tareas que se hayan realizado de cualquier manera.

Cuando trabaja duro en su negocio, por ejemplo, hay un sentido tangible de cumplimiento que invariablemente lleva a una mayor confianza.

Trabajar con inteligencia, por el otro lado, le asegura que termine sus tareas en tiempo récord y emplee menos aportes. A fin de mejorar la verdadera productividad, se debe crear un puente que los una a ambos.

Aunque hay espacio para el talento, las habilidades tienen que ser perfeccionadas para pasar por la fragua por ese golpe de calor que las convierte en oro puro. En las primeras etapas de un negocio o un trabajo, el trabajo duro con su cabeza bien plantada en la tierra es importante. Es el momento de aprender lo básico para llevar a cabo tareas particulares y gradualmente mejorar al hacerlas.

Mientras el tiempo progresa, trabajar con inteligencia puede tomar el asiento del frente. Los métodos alternativos de resolver los mismos problemas o realizar las mismas tareas pueden explorarse, de forma que el tiempo que llevan las tareas pueda reducirse significativamente mientras todavía mantenga y mejore su nivel de productividad.

Por tanto, la aplicación del trabajo duro y el trabajo inteligente es la combinación perfecta de fuerza de trabajo y el poder mental para obtener los mejores resultados posibles.

## Conclusión

¡Gracias de nuevo por descargar este libro! Es mi esperanza que haya sido una fuente invaluable para usted al proveerle de lecciones prácticas y oportunas en cómo maximizar mejor las horas de cada día y hacer de la productividad mejorada un modo de vida.

Aunque puede parecer abrumador al inicio, todos tenemos las mismas 24 horas cada día, e incluso tan locas como las cosas se las arreglan para presentarse de vez en cuando, algunos individuos consiguen mantenerse por encima de su juego y logran hacer sus tareas.

Ellos no son súper-humanos. La diferencia entre usted y ellos es que ellos han aprendido el arte efectivo de desensamblar sus días, para después reunir las partes de una forma que refleje su ser verdadero.

Pero usted puede también, y es de lo que trata este libro.

El siguiente paso es tomar una decisión consciente con la combinación de su cabeza y su corazón: la decisión de dejar ir los mitos de administración del tiempo que le han retenido a usted y a su productividad colmo rehenes. Libérese, para que pueda alcanzar su potencial verdadero.

La productividad no es un término abstracto que planea justo más allá de su alcance. Más bien está dentro de su círculo de influencia. Solo debe alcanzarlo.

Compréndase a sí mismo y a las

peculiaridades que lo hacen diferente de la otra persona. Sea fiel a su yo interior, y observe cómo las piezas aparentemente no relacionadas del rompecabezas se unen para hablarle.

En una nota final, si disfrutó el libro y no le es mucho problema, entonces me gustaría pedirle un favor: ¿sería tan amable de dejar un comentario para este libro en Amazon? Lo apreciaría muchísimo.

Además, yo proveo de coaching uno a uno para profesionales que desean dejar de procrastinar, ganar más control de su tiempo, y moverse hacia adelante en proyectos y metas que sean más importantes para ellos.

¡Gracias, y le deseo lo mejor!

www.ingramcontent.com/pod-product-compliance
Lightning Source LLC
Chambersburg PA
CBHW071852070526
44583CB00016B/1652